お弁当バイブル

by 速水もこみち

photo&エッセー

お弁当には、自由とロマンを!

お弁当は片手にのるぐらいの小さな存在だけれど、
その中にはいろいろなドラマがぎゅっと詰まっているんです。
旦那さんや子どものために頑張って早起きしてつくったお弁当があれば、
会社に持っていくために気合をいれて手づくりしたお弁当もある。
彼氏や彼女のためにハートマークいっぱいにこしらえたお弁当もあるし、
家族や友だちと大勢でワイワイ囲むのもお弁当の楽しみですよね。
一つとして同じものはなくて、一つ一つにストーリーがある。
誰かのために、あるいは自分のために。
食べる人を思いやる心が込められたお弁当って魅力的だなと思うんです。
じゃあ、そのお弁当を僕が表現するなら、どんな世界が描けるのだろう。
挑戦したい気持ちが湧き上がり、それがこの本をつくるきっかけになりました。

photo & エッセー

アイデア一つで、バラエティ豊かな味わいが生み出せる！

毎日、お弁当づくりをする人たちにとって、一番の悩みはマンネリ。
バリエーションを増やすにはどうしたらいいのか。
僕なりに考えて、この本では337種類のおかずやサラダなどを紹介しています。
ポイントにしたのは、まずメインと副菜の組み合わせ方。
定番のおかずでも副菜をアレンジすると、バラエティ豊かになるんです。
また、同じ食材でも切り方と味付けを変えるだけで、
いく通りもの味わいが生み出せることも、ぜひ知ってほしいなと思いました。
もう一つ、僕らしさといえるのはソースやハーブ&スパイスソルトの活用。
いつものハンバーグもソースによってバリエーションが出せます。
お弁当に添えるサラダとドレッシングもたくさん紹介しています。
ルールがないからお弁当は自由自在。マンネリの悩みが吹き飛びますよ。

「楽しい」を交感する、そんな世界観をイメージしよう！

早起きしてお弁当をつくるのは本当に大変なことですよね。
朝食をつくりながらお弁当の準備をして、まさに時間との戦い。
でも、そうやって誰かのためにお弁当をつくる姿って素敵だなと思うんです。
僕がお弁当の本をつくりたいと思ったもう一つの理由は、
頑張っている人たちのお手伝いを、僕なりにしたいと考えたからなんです。
この本でお弁当をつくるときは、蓋を開けるシーンを想像してみてください。
「このおかず、喜ぶかな？」「ちょっとびっくりするかも……」
そうやって想像すると、お弁当づくりを楽しめるようになるんです。
すると、「おいしかった」の言葉が増えて、明日の朝のエネルギーになる。
つくる人と食べる人がお互いに「楽しい」を交感する、
お弁当は、ロマンある最高のコミュニケーションツールだと思いませんか？

お弁当バイブル by 速水もこみち

目次

Chapter 1

子どもが喜ぶ、あの人が惚れる、自分自身も大満足

唯一無二の「おしゃれ弁当」大公開！

Contents

お弁当バイブル

by 速水もこみち

Chapter 2

これで弁当バリエーションが100倍に！

覚えておきたい、ミラクル「おかず」レシピ

Chapter 3

メインと副菜、その味わいを魅力的に広げる！

「ソース」と「ハーブ&スパイスソルト」の魔法

Chapter 4

Chapter 5

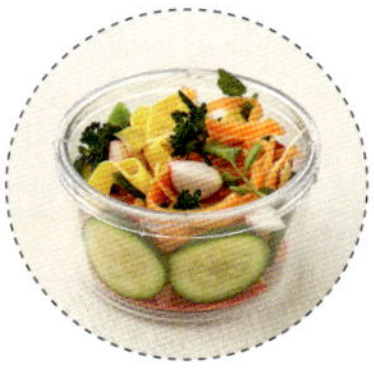

Chapter 6

速水流、お弁当づくりの結論！

「and MORE」~おかず&弁当箱フリースタイル

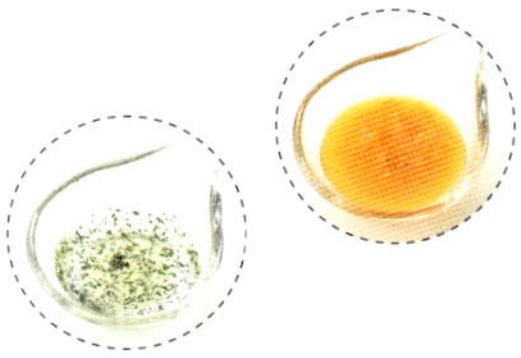

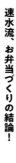

Contents

Chapter 1

子どもが喜ぶ、あの人が惚れる、自分自身も大満足

唯一無二の「おしゃれ弁当」大公開！

家族のため、好きなあの人のため、自分のため……。
考えたのは、35のストーリーを持つお弁当。
和風、洋風、中華、エスニックなど味わいはさまざま。
食べてもつくっても楽しいお弁当ばかりです。

おかずレシピは、スピーディに
調理できるように考えた、
速水流のワザが盛りだくさん！

鶏ごぼう弁当

ウインナーの卵巻きと花形のれんこんでキュートに演出。学校や職場で、歓声があがること間違いなし！

甘辛いタレを絡めた
鶏肉とごぼうは
おにぎりにも合う
お弁当の盟友。

鶏ごぼう

鶏肉の旨味を吸ったごぼうも絶品

材料（2人分）

鶏もも肉½枚、ごぼう⅓本、れんこん½本、塩・胡椒各少々、サラダ油大さじ½

A【生姜（すりおろし）小さじ1、醤油大さじ1、みりん大さじ1、砂糖大さじ1、酒大さじ1、和風だし汁大さじ4】

つくり方

1. 鶏もも肉は一口大に切る。ごぼうは皮をこそげて4〜5cm長さの拍子木切りにし、れんこんは皮をむいて5mm厚さの輪切りにする。
2. 鶏もも肉に塩・胡椒をして、サラダ油を熱したフライパンで表面が色づくまで焼く。
3. ②にごぼうとれんこんを加えて炒めたら、Aを加える。鶏肉と野菜に火が通り、煮汁が絡むまで煮る。

POINT

1. 花れんこんは染まるまで時間がかかるので前日につくっておく。
2. 卵巻きのウインナーは必ず焼いて、よく火を入れてから巻く。
3. たけのこは薄切りにして炒めると、早く味が染みて時間が省ける。

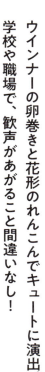

にんじんと大根のピクルス

やさしい酸味が箸休めにぴったり

材料（2人分）

にんじん・大根各4〜5㎝、オリーブオイル大さじ2、白ワインビネガー大さじ1、塩・胡椒各少々

つくり方

1. にんじんと大根は1㎝角の棒状に切る。
2. ①と残りの材料をすべてボウルに入れ30分ほど漬ける。

ウインナーの卵巻き

薄焼き卵で巻くポップな卵ロール

材料（2人分）

卵1個、ウインナー4本、サラダ油少々

つくり方

1. 卵を溶いてサラダ油をひいた卵焼き鍋で薄焼き卵を2枚つくる。ウインナーは焼いておく。薄焼き卵の端にウインナー2本を横に並べ、端から巻き楊枝でとめる。同様に卵巻きをもう1本つくる。

たけのこのおかか炒め

かつお節の味に和む素朴な一品

材料（2人分）

たけのこ（水煮）½本、サラダ油大さじ½

A 【醤油小さじ1、和風だし汁大さじ2、塩・胡椒各少々、かつお節少々、白ごま小さじ2】

つくり方

1. たけのこは短冊切りにする。フライパンにサラダ油を軽く熱し、たけのこを炒めてAを絡める。

花れんこん

切って紅生姜の汁に漬けるだけ

材料（2人分）

れんこん（大きめのもの）3㎝、紅生姜の汁適量

つくり方

1. れんこんは皮をむき、穴に合わせて包丁で花形にする。3㎜厚に切り、茹でて紅生姜の汁に漬ける。

※プチトマトとレタスはお好みで。

おにぎり／鮭ごま

定番の塩鮭を混ぜ込みスタイルに

材料（2人分）

ご飯200g、焼き鮭（ほぐし）大さじ2、黒ごま小さじ1、塩少々

つくり方

1. ご飯に鮭と黒ごまを混ぜて塩をつけ、丸くにぎる。

おにぎり／大葉ごま

大葉の香りと香ばしいごまが融合

材料（2人分）

ご飯200g、大葉2枚、白ごま小さじ1、塩少々

つくり方

1. 千切りした大葉と白ごまをご飯に混ぜて塩をつけ、丸くにぎる。

鶏そぼろ弁当

働く女性のために考えたお弁当は、ほんのり甘い鶏そぼろが主役。
食物繊維を含む根菜を添えてヘルシーな仕上がりに。

鶏そぼろ

ふんわりやさしい心和む味わい

材料（2人分）

鶏ひき肉100g、サラダ油小さじ1

A【酒大さじ2、砂糖大さじ½、みりん大さじ½、醤油大さじ2、生姜（みじん切り）小さじ1】

つくり方

1. サラダ油を熱したフライパンで鶏ひき肉をパラパラになるように炒める。Aを加えて絡める。

POINT

1. 鶏そぼろは菜箸4～5本まとめて持ってほぐすとパラパラになる。
2. ピクルスはつくり置きがきくのでまとめてつくっておくと便利。
3. かき揚げは桜えびが入ると彩りが華やかに。小エビに代えても可。

甘い卵焼き
ふっくらしっとり焼き上げた甘口

材料（2人分）

卵2個

A 【砂糖大さじ1、みりん大さじ½、塩少々】サラダ油適量

つくり方

1. ボウルに卵を溶いてAを混ぜる。
2. 卵焼き鍋にサラダ油をひいて、①を3回にわけて流し入れながら巻いて卵焼きをつくる。

かぼちゃのマッシュ
自然の甘味で口当たりまろやか

材料（2人分）

かぼちゃ（3～4cm角）5～6個、紫玉ねぎ¼個、水菜3～4本、バター大さじ½、はちみつ大さじ1、塩・胡椒各少々、白だし小さじ1

つくり方

1. かぼちゃは茹でてつぶす。紫玉ねぎは縦に薄切り、水菜は3～4cm長さに切る。
2. かぼちゃが熱いうちに、ボウルに①と残りの材料をすべて入れて混ぜる。

れんこんステーキ
歯ざわりがお弁当のアクセントに

材料（2人分）

れんこん4cm、サラダ油大さじ½

A 【にんにく・生姜（すりおろし）各小さじ½、醤油小さじ1、胡椒少々、パルミジャーノチーズ（すりおろし）大さじ1】

つくり方

1. れんこんは皮をむき、1cm厚さの半月切りにする。
2. フライパンにサラダ油を熱しれんこんを入れる。両面をこんがりと焼いたら、Aを絡める。

にんじんと大根のピクルス
格子状に組めば見栄えもアップ

材料（2人分）

にんじん・大根各4～5cm、オリーブオイル大さじ2、白ワインビネガー大さじ1、塩・胡椒各少々

つくり方

1. にんじんと大根は1cm角の棒状に切る。
2. ①と残りの材料をすべてボウルに入れ30分ほど漬ける。

素朴な形のお弁当箱に
甘めのおかずをたっぷりと。
見た目と味わいで
癒やされるランチを。

桜えびと春菊のかき揚げ
カラリと揚げて彩りを向上

材料（2人分）

桜えび大さじ3、春菊¼束、小麦粉少々

A 【小麦粉大さじ3、冷水大さじ4】揚げ油適量

つくり方

1. 春菊は3～4cm長さに切り、桜えびと一緒にボウルに入れて小麦粉をまぶす。
2. 別のボウルにAを混ぜて衣をつくり、①に絡ませる。160℃程度の揚げ油に少量ずつ入れてカリッとなるよう揚げる。

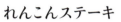

オムライス弁当

忙しい朝のお薦めはスクランブルエッグの包まないオムライス。具のないケチャップライスでよりシンプルにしました。

オムライス
ケチャップライスとふわふわの卵

材料（2人分）
ご飯150ｇ、サラダ油小さじ2、ケチャップ大さじ1 ½、塩・胡椒各少々、バター小さじ½、卵1個、牛乳大さじ1

つくり方
1. サラダ油小さじ1を軽く熱したフライパンでご飯を炒め、ケチャップ、塩・胡椒で味を調える。
2. 卵、塩・胡椒、牛乳を混ぜたものを、サラダ油小さじ1を熱しバターを溶かしたフライパンに流しスクランブルエッグにして①の上に盛りつける。

ハムのレモンマリネ
マリネのひと技でハムがおかずに

材料（2人分）
ペッパーハム4枚、オリーブオイル大さじ2、レモン汁大さじ1、パセリ（みじん切り）少々

つくり方
1. ボウルにすべての材料を入れて和える。

卵で包むひと手間を省略できるオムライス。ご飯の上の菜の花畑に子どもは喜びそう。

カラフルピーマンのツナ和え
ツナマヨを絡めた色彩サラダ

材料（2人分）
カラフルピーマン（赤・オレンジ・緑）各¼個、プチトマト3個、ツナ缶60ｇ
A【マヨネーズ大さじ2、薄口醤油小さじ½、塩・胡椒各少々】

つくり方
1. カラフルピーマンはそれぞれヘタと種を取り、縦に細切りにする。プチトマトは半分に切る。
2. ボウルに①とツナを入れて、Aを加えて和える。

POINT

1. オムライスに使うご飯はケチャップで炒めるだけだから簡単。
2. 卵はスクランブルエッグにすれば包む手間が省ける。
3. オムライスとおかずの容器は別々にして味移りを防ぐ。

ちくわといんげんの磯辺揚げ

磯の香りが衣についたちくわ揚げ

材料（2人分）

ちくわ4本、いんげん8本、小麦粉大さじ½

A【小麦粉大さじ2 ½、水大さじ3、青のり大さじ1】サラダ油適量

つくり方

1. いんげんはヘタを落とし、2本ずつちくわの穴に詰め、小麦粉をまぶす。
2. ボウルにAを混ぜて衣をつくって①に絡める。フライパンに5㎜高さ程度のサラダ油を熱し、衣を絡めた①を入れて炒め揚げする。

ミートボールフライ

ハンバーグ種を使うミニメンチ

材料（2人分）

ハンバーグ種80g（つくり方はP45参照）、マッシュルーム2個

A【小麦粉・溶き卵・パン粉各適量】揚げ油適量

つくり方

1. マッシュルームをみじん切りにしてハンバーグ種に混ぜる。2〜3㎝の球状に丸め、Aを順につけ170℃程度の揚げ油でこんがりと揚げる。

豆がんも弁当

がんもどきをつくるのは手間がかかります。でも、手づくりすると間違いなくおいしい。時間に余裕のあるときにぜひ。

POINT

1. がんもどきの生地は前日に仕込んでおけば、朝は揚げるだけ。
2. 紫カリフラワーがなければ、白いもので可。彩りに工夫を。
3. アルミやプラスチックより、自然な風合いの木のお弁当箱が合う。

豆のがんも

豆腐で手づくり。具材はお好みで

材料（2人分）

木綿豆腐1丁、枝豆（茹でてさやから出したもの）10粒、山芋30g、むき海老3尾

A 【卵白1個分、小麦粉大さじ½、塩少々】サラダ油適量

つくり方

1. 木綿豆腐は水切りしてつぶす。枝豆は薄皮をむく。山芋はすりおろし、むき海老は茹でて2等分に切る。
2. ボウルに①とAを混ぜて小判形にまとめる。
3. フライパンに1㎝高さ程度のサラダ油を熱し、②をこんがりと揚げる。

スパニッシュオムレツの卵焼き

カラフルで楽しい洋風の卵焼き

材料（2人分）

ベーコン（薄切り）1枚、アスパラ1本、パプリカ（赤）⅙個、塩・胡椒各少々、卵2個、パルミジャーノチーズ（すりおろし）大さじ1、オリーブオイル小さじ1、バター小さじ1

つくり方

1. ベーコンを5㎜角に切り、アスパラは茹でて5㎜幅の小口切りにする。パプリカは5㎜角に切る。
2. ①をオリーブオイルを熱したフライパンで炒め、塩・胡椒をしてから冷ます。
3. 卵を溶き、②とパルミジャーノチーズを合わせる。
4. 卵焼き鍋にバターを溶かし、③を3回にわけて流し入れながら巻いて卵焼きをつくる。

紫カリフラワーのオーロラ和え

ケチャップとマヨネーズで手軽に

材料（2人分）

紫カリフラワー（小房）4個

A 【マヨネーズ大さじ2、ケチャップ大さじ½、塩・胡椒各少々】

つくり方

1. 紫カリフラワーは茹でて冷ます。
2. ①をボウルに入れてAで和える。

がんもどきがメインの
素朴なお弁当だから
副菜はあえて
カラフルに楽しく演出。

たけのこのおかか炒め

薄切りで炒めればパパッと完成

材料（2人分）

たけのこ（水煮）½本、サラダ油大さじ½

A 【醤油小さじ1、和風だし汁大さじ2、塩・胡椒各少々、かつお節少々、白ごま小さじ2】

つくり方

1. たけのこは短冊切りにする。フライパンにサラダ油を軽く熱し、たけのこを炒めてAを絡める。

キャロットラペ

味も見た目も万能な洋風和え物

材料（2人分）

にんじん½本、サラダ油大さじ½、塩・胡椒各少々、白だし・白ワインビネガー各大さじ½、カレー粉小さじ½、レーズン大さじ1、パセリ（みじん切り）適量

つくり方

1. にんじんは6〜7㎝長さの千切りにする。ボウルに入れて残りの材料をすべて加えてよく混ぜる。

生姜焼き弁当

生姜焼きは世代を超えて愛される、永遠のスタンダード。
だから、あえて直球で勝負しました。

豚肉の生姜焼き

玉ねぎを加えて食感に変化を

材料（2人分）

豚バラ薄切り肉4枚、玉ねぎ½個、サラダ油大さじ½

A【生姜・にんにく（すりおろし）各小さじ1、醤油・酒・みりん各大さじ½、砂糖・白ごま各小さじ1】

つくり方

1. 豚バラ薄切り肉は食べやすく切る。玉ねぎは5㎜厚さのくし形に切る。
2. サラダ油を熱したフライパンで①を炒め、Aを加えて炒め合わせる。

POINT

1. 豚肉は調味液に漬け込まず、まず素焼きして香ばしさを出す。
2. 磯辺揚げやきんぴらにひと捻り加えて、いつもと違う味をプラス。
3. 生姜焼きはご飯の隣が鉄則。深いお弁当箱ならご飯にのせても。

甘い卵焼き

甘さがおいしい王道の卵焼き

材料（2人分）

卵2個

A 【砂糖大さじ1、みりん大さじ½、塩少々】サラダ油適量

つくり方

1. ボウルに卵を溶いてAを混ぜる。
2. 卵焼き鍋にサラダ油をひいて、①を3回にわけて流し入れながら巻いて卵焼きをつくる。

ちくわといんげんの磯辺揚げ

穴に詰めたいんげんはジューシー

材料（2人分）

ちくわ4本、いんげん8本、小麦粉大さじ½

A 【小麦粉大さじ2 ½、水大さじ3、青のり大さじ1】サラダ油適量

つくり方

1. いんげんはヘタを落とし、2本ずつちくわの穴に詰め、小麦粉をまぶす。
2. ボウルにAを混ぜて衣をつくり①に絡める。フライパンに5㎜高さ程度のサラダ油を熱し、衣を絡めた①を入れて炒め揚げする。

※マイクロトマトはお好みで。

蓋を開けたときに
ほっとする安定の味。
副菜で華やぎと
目新しさをプラス。

カラフルパプリカのきんぴら

きんぴらを華のある一品に

材料（2人分）

パプリカ（赤・黄・オレンジ）各¼個、サラダ油大さじ½

A 【塩・胡椒各少々、醤油大さじ1、みりん大さじ½、砂糖小さじ1、鷹の爪（種を取って輪切り）少々、白ごま小さじ1】

つくり方

1. パプリカはそれぞれ種とヘタを取って縦に3～4㎜幅に切る。
2. フライパンにサラダ油を軽く熱して①を炒め、Aを絡める。

アジフライ弁当

色とりどりの野菜のおかずをたっぷり入れたアジフライ弁当。
健康と美容を意識する女性にもお薦めです。

アジフライには
ちょっと手間が必要。
切って炒めるだけの
お惣菜で時間を配分。

アジフライ

衣はサクサクで中の身はふっくら

材料（2人分）

アジ2尾、塩・胡椒各少々

A 【小麦粉・溶き卵・パン粉各適量】揚げ油適量

つくり方

1. アジは頭を落として開き骨を取り除く。
2. ①に塩・胡椒をしてAを順につけ、170℃程度の揚げ油でこんがりと揚げる。

POINT

1. フライにするアジはあらかじめおろしたものを買ってもOK。
2. アジはP120〜のソースやP124〜のハーブ＆スパイスソルトを添えても。
3. 副菜は野菜中心にするとバランスがとれて見栄えも向上。

きんぴらの卵焼き
きんぴらの甘辛さがアクセント

（きんぴらごぼう）

材料（2人分）

ごぼう⅓本、にんじん⅓本、れんこん⅓本、サラダ油大さじ½

A 【和風だし汁・酒・みりん各大さじ1、醤油・砂糖各大さじ½、白ごま小さじ1、ごま油小さじ½、鷹の爪（種を取って輪切りに）少々】

つくり方

1. 皮をこそげたごぼうとにんじんは縦半分に切って斜め薄切り、れんこんは皮をむき、いちょう切りにする。ごぼうとれんこんは水にさらしてあく抜きしてから水気を切る。
2. フライパンにサラダ油を軽く熱し①を炒めAを絡める。

※今回使わなかった分は保存する。

（きんぴらの卵焼き）

材料（2人分）

上記のきんぴら大さじ2、卵2個、サラダ油適量

つくり方

1. 卵を溶いて粗く刻んだきんぴらを入れる。サラダ油をひいた卵焼き鍋に3回にわけ、流し入れながら巻いて卵焼きをつくる。

アスパラとベーコンの粒マスタード
薄切りベーコンでパパッと完成

材料（2人分）

アスパラ4本、ベーコン（薄切り）2枚、オリーブオイル大さじ½、粒マスタード大さじ½、塩・胡椒各少々

つくり方

1. アスパラは3〜4cm長さに、ベーコンは2cm幅に切る。
2. フライパンにオリーブオイルを軽く熱し、ベーコンをこんがりと炒めたら、アスパラと炒め合わせる。粒マスタード、塩・胡椒で味を調える。

玉ねぎの醤油煮
生姜を効かせて後味すっきり

材料（2人分）

玉ねぎ1個、生姜5g

A 【和風だし汁100㎖、醤油大さじ1、みりん大さじ1、砂糖大さじ½】

1. 玉ねぎは1cmほどの厚さで輪切りにする。生姜は千切りにする。
2. 小鍋にAを入れて、煮立ったら①を入れて柔らかくなるまで煮る。

カラフルパプリカのきんぴら
赤とオレンジの色合いが元気の素

材料（2人分）

パプリカ（赤・黄・オレンジ）各¼個、サラダ油大さじ½

A 【塩・胡椒各少々、醤油大さじ1、みりん大さじ½、砂糖小さじ1、鷹の爪（種を取って輪切り）少々、白ごま小さじ1】

つくり方

1. パプリカは種とヘタを取って縦に3〜4mm幅に切る。
2. フライパンにサラダ油を軽く熱して①を炒め、Aを絡める。

ゴーヤのお浸し
苦味がおいしいシンプル惣菜

材料（2人分）

ゴーヤ⅓本

A 【和風だし汁大さじ1、醤油大さじ½、みりん小さじ1、かつお節少々】

つくり方

1. ゴーヤはワタと種を除いてから5cm長さの拍子木切りにして、さっと茹でる。
2. ①とAをボウルに入れて混ぜる。

鶏のから揚げ弁当

鶏のから揚げはお弁当の王道。子どもも大人も大好きだから
あえてシンプルにつくるのが僕の流儀。

POINT

1. から揚げは前日に下味を。忙しい朝も調理がスムーズ。

2. 卵焼きは切り干し大根の煮物を加えて食感に変化をつける。

3. 王道弁当に欠かせないのは梅干し。色味がチャームポイントに。

鶏のから揚げ

下味に卵を加えてふんわりと

材料

鶏もも肉3枚、片栗粉適量

A 【生姜・にんにく（すりおろし）各1片分、卵1個、醤油大さじ3、酒・みりん各大さじ1】揚げ油適量

つくり方

1. 鶏もも肉は一口大に切りAを絡めて下味をつける。片栗粉をまぶし170℃程度の揚げ油でこんがりと揚げる。

切り干し卵焼き

切り干しは粗く刻むのがコツ

（切り干し大根の煮物）

材料（2人分）

切り干し大根（乾）30g、にんじん⅛本、油揚げ1枚

A 【和風だし汁150㎖、みりん・砂糖各大さじ½、醤油大さじ1】

つくり方

1. 切り干し大根はぬるま湯で戻す。にんじんは3㎝長さの細切り、油揚げは横半分に切ってから細切りにする。
2. 鍋にAを入れて煮立ったら①を加えて煮含める。

※今回使わなかった分は保存する。

（切り干し卵焼き）

材料（2人分）

卵2個、上記の切り干し大根の煮物大さじ2、サラダ油適量

つくり方

1. 切り干し大根の煮物を粗くみじん切りにして、溶いた卵に加える。サラダ油をひいた卵焼き鍋に3回にわけ、流し入れながら巻いて卵焼きをつくる。

誰もが笑顔になる
ベーシックなお弁当。
子どものためなら
ポップなお弁当箱を。

きんぴらごぼう

れんこんを加え歯ざわりに変化を

材料（2人分）

ごぼう⅓本、にんじん⅓本、れんこん⅓本、サラダ油大さじ½

A 【和風だし汁・酒・みりん各大さじ1、醤油・砂糖各大さじ½、白ごま小さじ1、ごま油小さじ½、鷹の爪（種を取って輪切り）少々】

つくり方

1. 皮をこそげたごぼうとにんじんは縦半分に切って斜め薄切り、れんこんは皮をむき、いちょう切りにする。ごぼうとれんこんは水にさらしてあく抜きしてから水気を切る。
2. フライパンにサラダ油を軽く熱し①を炒めAを絡める。

和風ポテトサラダ

和風に仕立てたやさしい味わい

材料（2人分）

じゃがいも1個、紫玉ねぎ¼個、にんじん¼本、水菜3〜4本、きゅうり⅓本、塩・胡椒各少々、バター大さじ1、白だし小さじ1

つくり方

1. じゃがいもは皮と芽を取って6〜8等分に切り、茹でてからつぶす。紫玉ねぎは縦に薄切り、にんじん・きゅうりは薄いいちょう切り、水菜は2〜3㎝長さに切る。
2. じゃがいもが熱いうちにボウルに入れ、バターと白だしを混ぜてから①の残りの野菜を加えてさらに混ぜ、塩・胡椒する。

牛もも肉とパプリカのオイスター炒め弁当

広東風の牛肉炒めがメインなので、中華風にコーディネート。
でも、ど真ん中でないところが僕らしさかな。

牛もも肉とパプリカのオイスター炒め

厚めに切った牛肉でリッチな気分

材料（2人分）

牛もも塊肉100g、パプリカ（赤・黄）各¼個、アスパラ1本、にんにく・生姜（すりおろし）各小さじ1、サラダ油大さじ½

A【塩・胡椒各少々、片栗粉大さじ½、酒大さじ½】

B【塩・胡椒各少々、醤油小さじ½、酒大さじ½、オイスターソース大さじ½】

つくり方

1. 牛もも肉は一口大にそぎ切りにしてAを絡めて下味をつける。パプリカは種を取って細切り、アスパラは斜め切りにする。
2. サラダ油を熱したフライパンで①を炒め、にんにく、生姜、Bを加えて炒め合わせる。

POINT

1. お弁当箱にご飯を敷き詰め、上におかずを盛り込むと中華風に。
2. 卵焼きはスクエアの形で中華っぽく。細部にもこだわろう。
3. お弁当箱は中華の蒸し料理に使う蒸籠風。曲げわっぱでも合う。

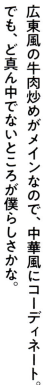

切り干し卵焼き
切り干し効果でしっとりふっくら

(切り干し大根の煮物)
材料（2人分）
切り干し大根（乾）30g、にんじん⅛本、油揚げ1枚
A 【和風だし汁150㎖、みりん・砂糖各大さじ½、醤油大さじ1】
つくり方
1. 切り干し大根はぬるま湯で戻す。にんじんは3㎝長さの細切り、油揚げは横半分に切ってから細切りにする。
2. 鍋にAを入れて煮立ったら①を加えて煮含める。
※今回使わなかった分は保存する。

(切り干し卵焼き)
材料（2人分）
卵2個、上記の切り干し大根の煮物大さじ2、サラダ油適量
つくり方
1. 切り干し大根の煮物を粗くみじん切りにして、溶いた卵に加える。サラダ油をひいた卵焼き鍋に3回にわけ、流し入れながら巻いて卵焼きをつくる。

中華テイストで弁当箱も蒸籠風。賑やかなおかずの下にご飯が密やかに。

焼売の天ぷら
香ばしい衣をまとってプチ変身

材料（2人分）
冷凍焼売3～4個、小麦粉少々
A 【小麦粉大さじ3、冷水大さじ4】揚げ油適量
つくり方
1. 焼売は冷凍のまま小麦粉をまぶす。Aを混ぜた衣をつけて160℃程度の揚げ油でからりと揚げる。

紫キャベツのコールスロー
色も楽しめるキャベツのサラダ

材料（2人分）
紫キャベツ1～2枚、玉ねぎ¼個、にんじん¼本
A 【オリーブオイル・レモン汁各大さじ1、マヨネーズ大さじ2、塩・胡椒各少々】
つくり方
1. 紫キャベツは千切り、玉ねぎは縦に薄切り、にんじんは5㎝長さの千切りにする。
2. ①とAをボウルに入れて混ぜる。

もやしザーサイピリ辛和え
箸休めになる中華の小菜

材料（2人分）
もやし80g、味付けザーサイ30g、白ごま・塩・胡椒各少々、ラー油小さじ1、リンゴ酢大さじ½
つくり方
1. もやしは茹でる。味付けザーサイは細かく切っておく。
2. もやしが熱いうちに、ボウルに全材料を入れて和える。

肉じゃが弁当

晩ご飯の肉じゃがを多めにつくって、次の日のお弁当にする。これ、家庭ならではですよね。副菜にひと工夫を。

肉じゃが

ほろっとしたじゃがいもが美味

材料（2人分）

牛切り落とし肉60g、じゃがいも2個、にんじん¼本、玉ねぎ¼個、サラダ油大さじ½、しらたき60g

A 【醤油・みりん・酒各大さじ1½、砂糖大さじ½、和風だし汁200㎖】

つくり方

1. じゃがいもは皮をむき4〜6等分に切る。にんじんは乱切り、玉ねぎはくし形に切る。
2. 鍋にサラダ油を熱し、牛肉、野菜、しらたきの順に炒め、全体に油が馴染んだらAを加え煮含める。

ゴーヤのかき揚げ

玉ねぎと桜えびが引き立て役に

材料（2人分）

ゴーヤ¼本、玉ねぎ¼個、桜えび大さじ2、小麦粉少々

A 【小麦粉大さじ3、冷水大さじ4】揚げ油適量

つくり方

1. ゴーヤは種とワタを除いて縦に細切りにする。玉ねぎは縦に薄切りにする。ボウルにゴーヤと玉ねぎ、桜えびを入れて混ぜてから小麦粉をまぶす。
2. 別のボウルにAを合わせて衣をつくって①を絡める。少量ずつスプーンですくって、160℃程度の揚げ油でさくっとなるよう揚げる。

れんこんの塩昆布和え

味付けは塩昆布だけの手軽な一品

材料（2人分）

れんこん½本、塩昆布大さじ1、白ごま小さじ1

つくり方

1. れんこんは皮をむいて薄く半月切りにして茹でる。ボウルに全材料を入れて混ぜる。

アスパラのかつお節炒め

かつお節をまとわせご飯のおかずに

材料（2人分）

アスパラ4本、サラダ油小さじ1、白だし大さじ1、かつお節適量

つくり方

1. アスパラは3〜4㎝長さに切る。
2. フライパンにサラダ油を熱して①をさっと炒め、白だしとかつお節を絡める。

POINT

1. 前日の肉じゃがを使うなら冷蔵庫で保存し、朝、火を入れること。
2. 肉じゃがは汁気が多いので密閉性の高いお弁当箱がお薦め。
3. 副菜はさっぱりした味のものを合わせるとバランスがよくなる。

肉じゃがは惣菜の定番。
ご飯に寄り添わせて
ピタッと詰めていけば
おいしさはさらに倍増。

カラフルパプリカのきんぴら

甘辛さと色味はお弁当に最適

材料（2人分）

パプリカ（赤・黄・オレンジ）各¼個、サラダ油大さじ½

A 【塩・胡椒各少々、醤油大さじ1、みりん大さじ½、砂糖小さじ1、鷹の爪（種を取って輪切り）少々、白ごま小さじ1】

つくり方

1. パプリカはそれぞれ種とヘタを取って縦に3～4㎜幅に切る。
2. フライパンにサラダ油を軽く熱してパプリカを炒め、Aを絡める。

コールスロー

紫玉ねぎを使って色気をプラス

材料（2人分）

キャベツ1～2枚、紫玉ねぎ¼個、にんじん¼本

A 【マヨネーズ大さじ1、リンゴ酢大さじ1、塩・胡椒各少々】

つくり方

1. キャベツは千切り、紫玉ねぎは縦に薄切り、にんじんは5㎝長さの千切りにする。
2. ボウルに①を入れてAを加えてよく混ぜる。

鶏しそつくね弁当

陽だまりの中にいるような、ほのぼのと心安らぐ味わいです。
個人的に僕が食べたいお弁当ナンバー1。

POINT

1. 鶏つくねはよく冷まして大葉を巻くと葉の色変わりが防げる。

2. ご飯は雑穀米に。市販の雑穀ミックスをお米に加えて炊くだけ。

3. やさしい味わいに合わせて、お弁当箱は木製のものをチョイス。

鶏しそつくね

ふっくらとして柔らかい和みの味

材料（2人分）

鶏ひき肉100g、玉ねぎ（みじん切り）¼個分、卵½個、生姜（すりおろし）小さじ1、塩・胡椒各少々、サラダ油大さじ½、大葉2枚

A【酒大さじ½、醤油・みりん各大さじ1、砂糖小さじ½】

つくり方

1. 鶏ひき肉と玉ねぎ、卵、生姜、塩・胡椒を混ぜて肉だねをつくり、2等分にして棒状に成形する。
2. サラダ油を熱したフライパンで①をこんがりと焼き、Aを絡める。冷めたら大葉で巻く。

甘辛く味付けした
鶏のつくねは
清涼なしその香りが
絶妙なアクセント。

ねぎチーズ

チーズのコクがねぎの甘味に合う

材料（2人分）

長ねぎ½本、オリーブオイル小さじ1、塩・胡椒各少々、パルミジャーノチーズ（すりおろし）大さじ½

つくり方

1. 長ねぎは3〜4cm長さに切る。フライパンにオリーブオイルを軽く熱し、長ねぎを焼く。火が通ってきたら、塩・胡椒、パルミジャーノチーズを振り入れ、こんがりと焼き目をつける。

和風ポテトサラダ

白だしが隠し味の上品な味わい

材料（2人分）

じゃがいも1個、紫玉ねぎ¼個、にんじん¼本、水菜3〜4本、きゅうり⅓本、塩・胡椒各少々、バター大さじ1、白だし小さじ1

つくり方

1. じゃがいもは皮と芽を取って6〜8等分に切り、茹でてからつぶす。紫玉ねぎは縦に薄切り、にんじん・きゅうりは薄いいちょう切り、水菜は2〜3cm長さに切る。
2. じゃがいもが熱いうちにボウルに入れ、バターと白だしを混ぜてから①の残りの野菜を加えてさらに混ぜ、塩・胡椒する。

だし巻き卵

和風だしが香る王道の卵焼き

材料（2人分）

卵2個

A【和風だし汁大さじ2、薄口醤油小さじ1、塩少々】サラダ油適量

つくり方

1. 卵を溶いてAを合わせる。
2. サラダ油をひいた卵焼き鍋に、①を3回にわけて流し入れながら巻いて卵焼きをつくる。

桜えびと春菊のかき揚げ

鮮やかな色合いが彩りに活躍

材料（2人分）

桜えび大さじ3、春菊¼束、小麦粉少々

A【小麦粉大さじ3、冷水大さじ3】揚げ油適量

つくり方

1. 春菊は3〜4cm長さに切り、桜えびと一緒にボウルに入れて小麦粉をまぶす。
2. 別のボウルにAを混ぜて衣をつくり、①に絡ませる。160℃程度の揚げ油に少量ずつ入れてカリッとなるよう揚げる。

酢ごぼう

香ばしいごまで酸味がまろやかに

材料（2人分）

ごぼう⅓本、にんじん¼本

A【白だし大さじ1、リンゴ酢大さじ2、白すりごま大さじ1、砂糖大さじ½】

つくり方

1. ごぼうは皮をこそげて5cmほどの長さの拍子木切りにして、水にさらしてあく抜きしたのち水気を切って茹でる。にんじんも同様に拍子木切りにして茹でる。
2. ボウルにAを合わせて、①を熱いうちに加えてよく絡める。

ハニーマスタードチキン弁当

甘辛味が多い鶏手羽元をハニーマスタード味に。目先が変わりグレード感もアップ。見直されること請け合いです。

※ご飯の上のパセリはお好みで。

ハニー マスタードチキン

甘くて香ばしい洋風テイスト

材料（2人分）

鶏手羽元6本、サラダ油大さじ½

A【塩・胡椒各少々、にんにく（すりおろし）小さじ1】

B【はちみつ大さじ½、コンソメスープ大さじ4、醤油小さじ1、フレンチマスタード大さじ1、レモン汁小さじ1】

つくり方

1. 鶏手羽元にAをすりこみ、10分ほどおく。サラダ油を熱したフライパンに皮目から入れて、両面とも焼き色がつくように火を入れる。
2. ①にBを加え、弱火で絡めるように火が通るまで煮る。

紫玉ねぎのグリル

輪切りで焼くだけ。クミンはぜひ

材料（2人分）

紫玉ねぎ（1cm厚さの輪切り）3〜4枚、塩・胡椒・クミンシード各少々

つくり方

1. 紫玉ねぎに塩・胡椒・クミンシードを振り、グリルパンで両面を焼き、きれいな焼き色をつける。

キャロットラペ

洗練されたフランスのお惣菜

材料（2人分）

にんじん½本、サラダ油大さじ½、塩・胡椒各少々、白だし・白ワインビネガー各大さじ½、カレー粉小さじ½、レーズン大さじ1、パセリ（みじん切り）適量

つくり方

1. にんじんは6〜7cm長さの千切りにする。ボウルに入れて残りの材料をすべて加えてよく混ぜる。

豆とチーズのコロッケ

ほくほくヘルシーなプチサイズ

材料（2人分）

ひよこ豆（茹でたもの）80g、玉ねぎ¼個、カレー粉小さじ½、オレガノ（乾燥）少々、コンテチーズ30g

A【小麦粉・溶き卵・パン粉各適量】揚げ油適量

つくり方

1. ひよこ豆をすりつぶし、みじん切りにした玉ねぎ、カレー粉、オレガノを加えてよく混ぜる。
2. 5mm角に切ったコンテチーズを中心に入れてゴルフボールぐらいに成形する。
3. Aを順につけて、170°C程度の揚げ油でこんがりと揚げる。

POINT

1. 鶏手羽元は下味がしっかり染み込むよう前日に仕込んでおく。
2. 豆とチーズのコロッケは時間があるときにつくり冷凍保存しても。
3. グリルした紫玉ねぎは通常のものより辛味が穏やか。彩りでも活躍。

副菜は豆のコロッケに
海老の炒め物まで。
ちょっと豪華な
パワー注入のお弁当。

パプリカの炒めマリネ

炒めてパプリカの甘味を引き出す

材料（2人分）

パプリカ（赤）½個、オリーブオイル大さじ2、塩・胡椒各少々、白ワインビネガー大さじ1

つくり方

1. パプリカは種とヘタを除き乱切りにする。フライパンにオリーブオイルを軽く熱し、パプリカを炒め、塩・胡椒、白ワインビネガーを絡める。

ズッキーニの ガーリックシュリンプ

人気のハワイ料理をアレンジ

材料（2人分）

ズッキーニ¼本、むき海老6尾、にんにく（みじん切り）小さじ1、オリーブオイル大さじ½、塩・胡椒各少々

つくり方

1. ズッキーニは縦半分に切ってから5㎜厚さの半月切りにする。フライパンにオリーブオイルを軽く熱し、にんにくとともにむき海老、ズッキーニを炒め、塩・胡椒で味を調える。

チキンのレモン煮弁当

パワフルに働く女性にぴったりなのが鶏肉をレモンで煮たおかず。見た目も爽やかで午後も元気に過ごせるはず。

いつもとはひと味違う鶏肉の煮込み料理。レモンのクエン酸効果で仕事の疲れもすっきり。

チキンのレモン煮

レモンを加えてさっぱり爽やかに

材料(2人分)

鶏もも肉½枚、オリーブオイル大さじ½

A 【塩・胡椒・オレガノ(乾燥)各少々】

B 【コンソメ顆粒小さじ½、水200㎖、レモン(薄い輪切り)5〜6枚、バター大さじ½】

つくり方

1. 鶏もも肉は一口大に切ってAで下味をつける。オリーブオイルを熱したフライパンで両面焼いてから、Bを加えて煮る。パセリのみじん切り(分量外)はお好みで。

POINT

1. チキンのレモン煮は密閉性容器へ。彩りにレモンも一緒に入れて。
2. 混ぜご飯は小さいおにぎりにして、副菜と一緒にお弁当箱に詰め込む。
3. 仕切りにリーフレタスを使うと、おかずやおにぎりが一層映える。

マッシュルームのハーブソテー

香りが心地よく軽やかな食べ心地

材料（2人分）

ホワイトマッシュルーム・ブラウンマッシュルーム各３個、オリーブオイル大さじ½

A【塩・胡椒各少々、レモン汁大さじ½、オレガノ（乾燥）・パセリ（みじん切り）各少々】

つくり方

1. マッシュルームは薄切りにし、オリーブオイルを熱したフライパンで炒めたらAを絡める。

カラフルパプリカのきんぴら

パプリカの甘味がおいしい和惣菜

材料（2人分）

パプリカ（赤・黄・オレンジ）各¼個、サラダ油大さじ½

A【塩・胡椒各少々、醤油大さじ1、みりん大さじ½、砂糖小さじ1、鷹の爪（種を取って輪切り）少々、白ごま小さじ1】

つくり方

1. パプリカはそれぞれ種とヘタを取って縦に3〜4㎜幅に切る。
2. フライパンにサラダ油を軽く熱して①を炒め、Aを絡める。

紫キャベツのコールスロー

色も楽しめるキャベツのサラダ

材料（2人分）

紫キャベツ1〜2枚、玉ねぎ¼個、にんじん¼本

A【オリーブオイル・レモン汁各大さじ1、マヨネーズ大さじ2、塩・胡椒各少々】

つくり方

1. 紫キャベツは千切り、玉ねぎは縦に薄切り、にんじんは5㎝長さの千切りにする。
2. ①とAをボウルに入れて混ぜる。

スコッチエッグ（小）

うずらの卵を使ったミニサイズ

材料（2人分）

ハンバーグ種80g（つくり方はP45参照）、うずらの卵3個、小麦粉適量

A【小麦粉・溶き卵・パン粉各適量】揚げ油適量

つくり方

1. うずらの卵は茹でて殻をむき、小麦粉をまぶしてからハンバーグ種を周りにつけて丸める。
2. Aを順につけ170℃程度の揚げ油でこんがりと揚げる。

おにぎり／菜の花ご飯

菜の花畑のような可憐なおにぎり

材料（2人分）

ご飯200g、菜の花3〜4本、薄焼き卵・紫キャベツ各少々、塩少々

つくり方

1. 菜の花は塩茹でして2㎝長さに切る。薄焼き卵と紫キャベツは千切りにする。すべてご飯に混ぜて、塩をつけて丸くにぎる。

おにぎり／ひじきご飯

余ったひじきの煮物を混ぜご飯に

材料（2人分）

ご飯200g、ひじきの煮物（つくり方はP55参照）大さじ2

つくり方

1. ひじきの煮物を細かく刻んでご飯に混ぜたら、塩をつけて丸くにぎる。

鶏手羽先の甘辛煮弁当

甘辛く煮た鶏手羽先にささみのかつもプラスしたパワー系。男性も大満足のボリュームです。

鶏手羽先の甘辛煮

絶妙な甘辛加減が後を引く

材料（2人分）

鶏手羽先6本、塩・胡椒各少々、サラダ油大さじ½、生姜・にんにく（すりおろし）各小さじ1

A 【醤油・酒・みりん・砂糖各大さじ½、和風だし汁大さじ6、鷹の爪（種を取って輪切り）少々】

つくり方

1. 鶏手羽先に塩・胡椒をし、サラダ油を熱した鍋で焼き色をつけ、生姜、にんにく、Aを加えて火が通るまで煮る。

ささみしそチーズかつ

しそとチーズで食べ応えがアップ

材料（2人分）

ささみ2本、大葉4枚、スライスチーズ2枚、塩・胡椒各少々

A 【小麦粉・溶き卵・パン粉各適量】揚げ油適量

つくり方

1. ささみは縦に切れ目を入れて開き、大葉、チーズをはさむ。塩・胡椒をしてAを順につけ、170℃程度の揚げ油でこんがりと揚げる。

中だるみする週半ばは
活力を生むこのお弁当を。
実はこの鶏手羽先、
ビールにもぴったり。

ほうれん草と油揚げのお浸し

しみじみおいしい定番のお浸し

材料（2人分）

ほうれん草⅓束、油揚げ½枚

A 【和風だし汁大さじ3、醤油・みりん各小さじ1】

つくり方

1. ほうれん草は茹でて3〜4㎝長さに切ってボウルに入れる。
2. 短冊切りにした油揚げとAを鍋でひと煮たちさせてから、①に注いで味を馴染ませる。

POINT

1. 鶏手羽は手羽元でなく手羽先を。詰めるときは先を折りたたむ。
2. ささみのかつは好みでウスターソースなどを添えても。
3. お弁当箱はステンレスの二段式。丸い形が懐かしい雰囲気を醸す。

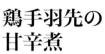

ねぎチーズ

チーズのコクをまとう洋風ねぎ焼き

材料（2人分）

長ねぎ½本、オリーブオイル小さじ1、塩・胡椒各少々、パルミジャーノチーズ（すりおろし）大さじ½

つくり方

1. 長ねぎは3～4㎝長さに切る。フライパンにオリーブオイルを軽く熱し、長ねぎを焼く。火が通ってきたら、塩・胡椒、パルミジャーノチーズを振り入れ、こんがりと焼き目をつける。

芽キャベツとベーコンのかつお節炒め

ダブルの旨味が芽キャベツを後押し

材料（2人分）

芽キャベツ5個、ベーコン（薄切り）2枚、サラダ油大さじ½

A【塩・胡椒各少々、醤油小さじ1、和風だし汁大さじ1、かつお節適量】

つくり方

1. ベーコンは5～6㎜幅に切り、芽キャベツは半分に切る。フライパンにサラダ油を軽く熱し、ベーコンをこんがりと炒め、半分に切った芽キャベツを加えてさらに炒める。火が通ったらAを加えて絡める。

ハンバーグ弁当

ハンバーグ、エビフライ、卵焼きはみんなが好きな人気料理。
ひと技効かせた大人のお子さまランチ弁当です。

※マイクロトマトとレタスはお好みで。

POINT

1. ハンバーグの種は多めにつくり、ほかの料理にも活用しよう。
2. 卵焼きは高菜の塩分で調味。塩が強いときは軽く塩抜する。
3. お弁当箱は、楽しさを伝えるカジュアルなデザインをチョイス。

ハンバーグ
ふっくらジューシーな人気者

（ハンバーグ種）

材料

合びき肉500g、玉ねぎ1個、サラダ油大さじ½

A 【パン粉40g、牛乳80㎖、卵1個、塩・胡椒・ナツメグ各少々】

つくり方

1. 玉ねぎはみじん切りにして、サラダ油を熱したフライパンでしんなりするまで炒めて冷ます。
2. ボウルに合びき肉を入れて練り、①の玉ねぎとAを混ぜて肉種をつくる。

※今回使わなかった分は冷凍保存を。

（ハンバーグ）

材料（2人分）

上記のハンバーグ種80g、オリーブオイル大さじ½

つくり方

1. ハンバーグ種を半量ずつ小判形に成形する。
2. フライパンにオリーブオイルを熱して両面こんがりと焼き、中まで火を通す。

エビフライ
1本入るとテンションアップ

材料（2人分）

海老2尾、塩・胡椒各少々

A 【小麦粉・溶き卵・パン粉各適量】揚げ油適量

つくり方

1. 海老は尾を残して殻をむき、背ワタを取る。塩・胡椒をしてAを順につけ170℃程度の揚げ油でこんがりと揚げる。

テッパンの組み合わせを
速水流にアレンジ。
野菜の副菜にも
大人の味をセレクト。

高菜の卵焼き
舌ざわりも楽しいオツな味

材料（2人分）

卵2個、高菜漬け大さじ2、和風だし汁大さじ1、サラダ油適量

つくり方

1. 高菜漬けは小口に刻み、だし汁とともに溶いた卵に加える。サラダ油をひいた卵焼き鍋で3回にわけて流し入れながら巻いて卵焼きをつくる。

にんじんの粒マスタード
マスタードの香りと酸味が立役者

材料（2人分）

にんじん½本、オリーブオイル大さじ½、にんにく（すりおろし）小さじ½、塩・胡椒各少々、粒マスタード大さじ1、白ワインビネガー小さじ1、パセリ（みじん切り）少々

つくり方

1. にんじんは半月薄切りにする。材料をすべてボウルに入れて混ぜる。

ブロッコリーと桜えびの和え物
酢とごま油の和風テイスト

材料（2人分）

ブロッコリー（小房）4個、桜えび大さじ2

A 【白すりごま大さじ½、ごま油・醤油各小さじ1、酢大さじ½、塩・胡椒各少々】

つくり方

1. ブロッコリーを茹でて、桜えびとともにボウルに入れる。Aを加えて和える。

トマト煮ハンバーグ弁当

ハンバーグのトマト煮込みにだしを加えて和風に仕立てました。和のお惣菜と一緒に曲げわっぱに詰めれば完璧！

和風のだしが
ほのかに香る
ハンバーグ弁当は
はんなりとした趣き

ハンバーグのトマト煮

和風だしを加えた上品な味わい

材料（2人分）

ハンバーグ種80g（つくり方はP45参照）、サラダ油大さじ½

A【玉ねぎ（みじん切り）½個分、にんにく（みじん切り）小さじ½、トマト水煮缶（カット）100g、トマトペースト大さじ2、和風だし汁大さじ3、醤油小さじ½、酒大さじ½、塩・胡椒各少々】

つくり方

1. ハンバーグ種を2等分して小判型に成形し、サラダ油でこんがりと焼いて取り出す。
2. 同じフライパンにAを入れて煮立て、①を戻してハンバーグに火が通りとろりとするまで煮る。

POINT

1. ハンバーグは基本の種を活用。ゆっくり煮込んで味を染み込ませる。
2. 和風だしのトマト煮込みなので、副菜も和風お惣菜と組み合わせる。
3. 和を意識して、お弁当箱もできれば木製の曲げわっぱを選びたい。

だし巻きの天ぷら
余っただし巻きを大胆にアレンジ

材料
（だし巻き卵）
卵2個
A 【和風だし汁大さじ2、薄口醤油小さじ1、塩少々】サラダ油適量

つくり方
1. 溶き卵にAを合わせ、サラダ油をひいた卵焼き鍋に3回にわけて流し入れながら巻いて卵焼きをつくる。

※今回使わなかった分は冷凍保存を。

（だし巻きの天ぷら）

材料（2人分）
上記のだし巻き卵4～5切れ、小麦粉少々
A 【小麦粉大さじ3、冷水大さじ4】揚げ油適量

つくり方
1. だし巻き卵に小麦粉をまぶし、Aでつくった衣をつけて160℃程度の揚げ油でからりと揚げる。

和風ポテトサラダ
あっさり味は和風弁当にぴったり

材料（2人分）
じゃがいも1個、紫玉ねぎ¼個、にんじん¼本、水菜3～4本、きゅうり⅓本、塩・胡椒各少々、バター大さじ1、白だし小さじ1

つくり方
1. じゃがいもは皮と芽を取って6～8等分に切り、茹でてからつぶす。紫玉ねぎは縦に薄切り、にんじん・きゅうりは薄いいちょう切り、水菜は2～3cm長さに切る。
2. じゃがいもが熱いうちにボウルに入れ、バターと白だしを混ぜてから①の残りの野菜を加えてさらに混ぜ、塩・胡椒する。

きのこガーリックソテー
シンプルにきのこの旨味を満喫

材料（2人分）
しめじ・舞茸各⅓パック、エリンギ小1本、にんにく（みじん切り）小さじ½、バター大さじ1、塩・胡椒・パセリ（みじん切り）各少々

つくり方
1. しめじと舞茸は石づきを取り小房にわける。エリンギは3cm長さの短冊切りにする。
2. フライパンにバターを溶かし①とにんにくを炒め、塩・胡椒で味を調え、パセリを混ぜる。

じゃこピーマン
淡くやさしい京風のおばんざい

材料（2人分）
ピーマン2個、しらす大さじ3、生姜（すりおろし）小さじ1、薄口醤油大さじ½、砂糖大さじ½、サラダ油大さじ½

つくり方
1. ピーマンはヘタと種を除き、縦に1cm幅に切る。
2. フライパンにサラダ油を軽く熱し、ピーマン、しらす、生姜を炒める。しらすがカリカリになったら、薄口醤油と砂糖を加えて汁気がなくなるまで炒める。

たけのこだし煮
滋味を感じる薄口仕立て

材料（2人分）
たけのこ（水煮）½本、和風だし汁200㎖、薄口醤油・酒・みりん各小さじ1

つくり方
1. たけのこは一口サイズで薄めに切る。鍋にすべての材料を入れて煮る。

ロコモコ弁当

ロコモコはカジュアルなハワイ料理。ハンバーグと副菜をご飯に盛り込んで洋風丼に仕立てました。

※レタスはお好みで。

POINT

1. ハンバーグは基本の種を利用。焼いてから半分に切り盛り込む。
2. ロコモコは半熟の目玉焼きを添えるがお弁当には茹で卵が向く。
3. ご飯を入れた円形のお弁当箱におかずをトッピングして丼風に。

ハンバーグ
しっとりふくよかな基本形

材料（2人分）
ハンバーグ種80g（つくり方はP45参照）、オリーブオイル大さじ½

つくり方
1. ハンバーグ種を半量ずつ小判形に成形する。
2. フライパンにオリーブオイルを熱して両面こんがりと焼き、中まで火を通す。

カフェご飯でも
人気のロコモコ丼に
おかずを加えた
スペシャルバージョン。

かぼちゃのマッシュ
甘くてまろやかなかぼちゃサラダ

材料（2人分）
かぼちゃ（3〜4㎝角）5〜6個、紫玉ねぎ¼個、水菜3〜4本、バター大さじ½、はちみつ大さじ1、塩・胡椒各少々、白だし小さじ1

つくり方
1. かぼちゃは茹でてつぶす。紫玉ねぎは縦に薄切り、水菜は3〜4㎝長さに切る。
2. かぼちゃが熱いうちに、ボウルに①と残りの材料をすべて入れて混ぜる。

紫キャベツのコールスロー
酸味が爽やかなマヨネーズ和え

材料（2人分）
紫キャベツ1〜2枚、玉ねぎ¼個、にんじん¼本
A【オリーブオイル・レモン汁各大さじ1、マヨネーズ大さじ2、塩・胡椒各少々】

つくり方
1. 紫キャベツは千切り、玉ねぎは縦に薄切り、にんじんは5㎝長さの千切りにする。
2. ①とAをボウルに入れて混ぜる。

豆とベーコントマト煮
トマトソースが絡まる洋風煮豆

材料（2人分）
ベーコン（塊）50g、にんにく（みじん切り）小さじ1、ひよこ豆（茹でたもの）80g、玉ねぎ¼個、マッシュルーム2個、オリーブオイル大さじ½
A【バター大さじ½、塩・胡椒各少々、トマト水煮缶（カット）150g、白ワイン大さじ1、コンソメ顆粒小さじ½】

つくり方
1. ベーコンは拍子木切りにし、玉ねぎとマッシュルームは薄切りにする。
2. フライパンにオリーブオイルを軽く熱し、①とにんにく、ひよこ豆を炒める。Aを入れて汁気がなくなるまで煮る。

アボカドシュリンプ
プリプリの海老でご馳走感アップ

材料（2人分）
アボカド½個、むき海老4尾
A【レモン汁小さじ1、マヨネーズ大さじ2、塩・胡椒・パセリ（みじん切り）各少々】

つくり方
1. アボカドは種を取って皮をむき一口大に切る。むき海老は塩茹でする。
2. ボウルに①とAを入れて混ぜる。

お弁当づくりの
ポイントは？

Column

お弁当は蓋を開けた瞬間のときめきが勝負です。「おいしそう！」「かわいい！」。そう感じると、味わいも増すんです。

ときめきを生むには、お弁当箱の選び方が大事。いくつか用意して、おかずによって選ぶとストーリーが吹き込めます。詰めるときに仕切りを入れないのも僕のやり方。仕切ると時間がかかるし、ナチュラルに見えない気がして。味が混ざることもあるけれど、それがおいしかったりするんです。特にタレが絡んだおかずは、ご飯の上か横に入れています。時間が経ってタレが染みたご飯が堪らないんです。味が混ざるのを避けたいおかずがあったら、余った野菜で仕切ると雰囲気が崩れません。そんな工夫にも注目してみてくださいね。

ブリの照り焼き弁当

焼き魚のお弁当は地味になりがち。だから、副菜を工夫して渋さがかっこいいお弁当に仕上げました。

※木の芽はお好みで。

ブリの照り焼き

フライパンで焼くから簡単

材料（2人分）

ブリ2切れ、サラダ油大さじ½

A【酒・みりん・醤油各大さじ2、砂糖大さじ½】

つくり方

1. サラダ油を熱したフライパンでブリを両面こんがり焼く。混ぜておいたAを加え、照りが出るまで煮絡める。

POINT

1. 照り焼きは先にブリを焼いてタレを絡めるので焦げる失敗が少ない。
2. ブリの照り焼きは切らずに一切れまるごとご飯へ。見た目が豪華に。
3. のりたまは薄焼き卵と海苔を巻くだけ。卵が冷めてから巻くこと。

のりたま
ぐるぐるがかわいい卵の巻紙

材料（2人分）
卵1個、焼き海苔（半分に切ったもの）2枚、サラダ油適量

つくり方
1. 卵をよく溶き、サラダ油を薄くひいた卵焼き鍋で薄焼き卵を2枚つくる。
2. 焼き海苔を①に重ね、端から巻いて楊枝でとめる。

和風ポテトサラダ
白だし仕上げのさっぱりした味

材料（2人分）
じゃがいも1個、紫玉ねぎ¼個、にんじん¼本、水菜3〜4本、きゅうり⅓本、塩・胡椒各少々、バター大さじ1、白だし小さじ1

つくり方
1. じゃがいもは皮と芽を取って6〜8等分に切り、茹でてからつぶす。紫玉ねぎは縦に薄切り、にんじん・きゅうりは薄いいちょう切り、水菜は2〜3㎝長さに切る。
2. じゃがいもが熱いうちにボウルに入れ、バターと白だしを混ぜてから①の残りの野菜を加えてさらに混ぜ、塩・胡椒する。

カラフルピーマンの肉詰め
ハンバーグ種が色鮮やかに変身

材料（2人分）
ハンバーグ種120g（つくり方はP45参照）、カラフルピーマン（赤・緑・オレンジ）各1個、小麦粉・パン粉各適量、サラダ油大さじ2

つくり方
1. カラフルピーマンはそれぞれ縦半分に切り、ヘタと種を取り除く。内側に小麦粉を振り、ハンバーグ種を詰め、表面にパン粉を振る。
2. サラダ油を熱したフライパンに①を肉の面から入れ、こんがり色づいたら裏返して中まで火が通るように焼く。

オクラのスパイシーフライ
ピリッと刺激的な新感覚のフライ

材料（2人分）
オクラ4本
A 【小麦粉・溶き卵・パン粉各適量】
B 【塩・胡椒・カレー粉・バジル（乾燥）各少々】揚げ油適量

つくり方
1. オクラにAを順につけて170℃程度の揚げ油できつね色に揚げる。揚がったら、熱いうちにBを振る。

頑張るお父さんへ「毎日ご苦労さま」の気持ちを込めた特製の焼き魚弁当。

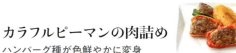

カジキのステーキ弁当

カジキをメインにしたお弁当は、これぞ家庭の味。地味ですが健康への気遣いをちりばめているんです。

カジキのステーキ

ほんのり甘いタレでご飯が進む

材料（2人分）

カジキ2切れ、サラダ油大さじ½、大葉（千切り）2枚分、みょうが（千切り）2個分

A【酒大さじ1、醤油大さじ½、砂糖小さじ1、みりん大さじ½】

つくり方

1. カジキは半分に切る。サラダ油を熱したフライパンで両面焼き、Aを絡める。盛りつけるときに大葉、みょうがを混ぜてのせる。

ゴーヤチャンプルー

ゴーヤのほろ苦さがアクセントに

材料（2人分）

ゴーヤ⅓本、スパム⅓缶、木綿豆腐⅓丁、もやし50ｇ、しめじ⅓パック、卵1個、サラダ油大さじ½、かつお節少々

A【和風だし汁大さじ2、醤油大さじ½、塩・胡椒各少々】

つくり方

1. ゴーヤは種とワタを除き、半月切りにする。スパムはさいの目切り、しめじは石づきを取り小房にわける。木綿豆腐は水を切っておく。
2. フライパンにサラダ油を軽く熱して①ともやしを入れ、豆腐をくずしながら炒める。Aで味付けしたら溶き卵、かつお節を加えて絡める。

たけのこだし煮

淡い味付けには減塩効果も

材料（2人分）

たけのこ（水煮）½本、和風だし汁200㎖、薄口醤油・酒・みりん各小さじ1

つくり方

1. たけのこは一口サイズで薄めに切り、鍋にすべての材料を入れて煮る。

POINT

1. カジキのステーキは薬味もおいしさのうち。忘れずに添えよう。
2. 茶系のおかずの中、梅干しの赤で全体の見た目が引き締まる。
3. 昔ながらのアルミのお弁当箱が、家庭的な温かみを伝える要素に。

魚、野菜、海藻など
栄養バランスの取れた
家族愛溢れる
地味ならぬ〝滋味〟弁。

ひじきの煮物

甘すぎない塩梅で食べ飽きない

材料（2人分）

ひじき（戻したもの）20g、ごぼう30g、油揚げ1枚、サラダ油大さじ½

A 【和風だし汁100mℓ、砂糖大さじ1、醤油大さじ1½】

つくり方

1. ごぼうはささがきにし、油揚げは横半分に切ってから細切りにする。
2. 鍋にサラダ油を熱し①とひじきを炒める。Aを入れたら落とし蓋をして煮含める。

茄子の揚げびたし

だしに浸る茄子はとろっと繊細

材料（2人分）

茄子1本、しし唐4本、大葉（千切り）2枚分

A 【生姜（すりおろし）小さじ½、和風だし汁大さじ4、醤油・酒・みりん各大さじ1】揚げ油適量

つくり方

1. 茄子は切り込みを入れて乱切り、しし唐は切り込みを入れる。
2. Aを鍋に沸かしておき、①を素揚げしてつける。盛りつけのときに大葉をのせる。

さんまの蒲焼き弁当

主役はさんまの蒲焼きですが、それだけだとちょっと寂しい。副菜にボリュームをもたせるのがポイントです。

さんまの蒲焼き

カリッと焼いて香ばしさをプラス

材料（2人分）

さんま1尾、塩・胡椒各少々、片栗粉適量、サラダ油大さじ½

A【醤油大さじ1、みりん・酒各大さじ½、砂糖小さじ1】

つくり方

1. さんまは三枚におろす。全体に塩・胡椒をして片栗粉をまぶし、サラダ油を熱したフライパンで両面こんがりと焼き、Aを絡める。お好みで白ごま・七味唐辛子（分量外）とともに盛りつけてもよい。

POINT

1. さんまの蒲焼きは好みで白ごまと七味を振り、すだちを添えても。
2. コロッケには余った肉じゃがを活用。つぶして衣をつけるだけ。
3. 副菜につくり置きできるお惣菜を加えれば時間と手間が省ける。

チーズと明太子の卵焼き

明太子のプチプチ感が楽しい！

材料（2人分）

卵2個

A 【パルミジャーノチーズ（すりおろし）大さじ1、明太子（薄皮を取る）大さじ2、牛乳大さじ1】サラダ油適量

つくり方

1. 卵を溶いてAを混ぜ合わせる。
2. 卵焼き鍋にサラダ油をひいて、①を3回にわけて流し入れながら巻いて卵焼きをつくる。

カラフルパプリカのきんぴら

お弁当に華を添える原色の美味

材料（2人分）

パプリカ（赤・黄・オレンジ）各¼個、サラダ油大さじ½

A 【塩・胡椒各少々、醤油大さじ1、みりん大さじ½、砂糖小さじ1、鷹の爪（種を取って輪切り）少々、白ごま小さじ1】

つくり方

1. パプリカはそれぞれ種とヘタを取って縦に3〜4㎜幅に切る。
2. フライパンにサラダ油を軽く熱して①を炒め、Aを絡める。

肉じゃがコロッケ

甘辛さがおいしい変身コロッケ

（肉じゃが）

材料（2人分）

牛切り落とし肉60g、じゃがいも2個、にんじん¼本、玉ねぎ¼個、サラダ油大さじ½、しらたき60g

A 【醤油・みりん・酒各大さじ1½、砂糖大さじ½、和風だし汁200㎖】

つくり方

1. じゃがいもは皮をむき4〜6等分に切る。にんじんは乱切り、玉ねぎはくし形に切る。
2. 鍋にサラダ油を熱し、牛切り落とし肉、野菜、しらたきの順に炒め、全体に油が馴染んだらAを加え煮含める。

※今回使わなかった分は冷凍保存を。

（肉じゃがコロッケ）

材料（2人分）

上記の肉じゃが80g

A 【小麦粉・溶き卵・パン粉各適量】揚げ油適量

つくり方

1. 肉じゃがをつぶして小判形に成形する。Aを順につけ170℃程度の揚げ油でこんがりと揚げる。

旬の時季につくりたい
さんまの蒲焼き。
色とりどりの副菜も
アイデアの宝庫。

ひじきの煮物

つくり置きがきく定番のお惣菜

材料（2人分）

ひじき（戻したもの）20g、ごぼう30g、油揚げ1枚、サラダ油大さじ½

A 【和風だし汁100㎖、砂糖大さじ1、醤油大さじ1½】

つくり方

1. ごぼうはささがきにし、油揚げは横半分に切ってから細切りにする。
2. 鍋にサラダ油を熱し①とひじきを炒める。Aを入れたら落とし蓋をして煮含める。

豚肉大根エスニック風弁当

豚肉などがご飯にゴロッとのるお弁当は東南アジアがモチーフ。豪快さが午後の元気を生み出します。

豚肉大根エスニック風

ナンプラーの香りがエキゾチック

材料（2人分）

豚バラ肉（塊）80g、塩・胡椒各少々、大根3～4cm、厚揚げ1枚、小松菜¼束、サラダ油小さじ1

A【ナンプラー小さじ1、砂糖ひとつまみ、酒大さじ1、醤油大さじ½、ガラスープ大さじ1】

つくり方

1. 豚バラ肉は3mm厚さの食べやすいサイズに切って、塩・胡椒を振る。大根は乱切り、厚揚げは8等分に切り、小松菜は茹でて3～4cm長さに切る。
2. フライパンにサラダ油を熱して、豚バラ肉、大根、厚揚げを炒める。豚肉に火が通ったら小松菜を加えてひと混ぜし、Aを加えサッと絡めるように炒める。

ステンレスでできた武骨なお弁当箱はおかずの盛りつけもダイナミックに。

紫玉ねぎのグリル

香りと色を添えるお弁当の名脇役

材料（2人分）

紫玉ねぎ（1cm厚さの輪切り）3～4枚、塩・胡椒・クミンシード各少々

つくり方

1. 紫玉ねぎに塩・胡椒・クミンシードを振り、グリルパンで両面を焼き、きれいな焼き色をつける。

茄子とひき肉の辛炒め

決め手は豆板醤のコクのある辛味

材料（2人分）

茄子1本、豚ひき肉60g、玉ねぎ¼個、ピーマン½個、生姜（すりおろし）小さじ1、サラダ油大さじ½

A【醤油小さじ1、豆板醤小さじ½、ガラスープ大さじ2、酒大さじ1】

つくり方

1. 茄子は長さ半分に切ってから縦に4等分する。玉ねぎとピーマンはみじん切りにする。
2. フライパンにサラダ油を軽く熱して、豚ひき肉、生姜と①を炒める。ひき肉に火が通ったらAを絡める。

POINT

1. 豚肉大根は豪快にご飯にのせると、東南アジア風の演出ができる。
2. 副菜は酸味や辛味のバランスを考えてアジアンテイストを中心に。
3. お弁当箱は深型だが、サイズは好みや食べる量に応じて選ぼう。

かぼちゃのマッシュ

白だしを加えて和める味わいに

材料（2人分）

かぼちゃ（3〜4cm角）5〜6個、紫玉ねぎ¼個、水菜3〜4本、バター大さじ½、はちみつ大さじ1、塩・胡椒各少々、白だし小さじ1

つくり方

1. かぼちゃは茹でてつぶす。紫玉ねぎは縦に薄切り、水菜は3〜4cm長さに切る。
2. かぼちゃが熱いうちに、ボウルに①と残りの材料をすべて入れて混ぜる。

キャロットラペ

さっぱり軽やかなにんじんサラダ

材料（2人分）

にんじん½本、サラダ油大さじ½、塩・胡椒各少々、白だし・白ワインビネガー各大さじ½、カレー粉小さじ½、レーズン大さじ1、パセリ（みじん切り）適量

つくり方

1. にんじんは6〜7cm長さの千切りにする。ボウルに入れて残りの材料をすべて加えてよく混ぜる。

ブリの塩焼き弁当

あえて色味を抑えた渋いお弁当は、どちらかといえば男性向き。しみじみとしたおいしさが体と心にじんわり沁みます。

ブリの塩焼き 味噌掛け

甘い味噌でワンランクアップ

材料（2人分）

ブリ2切れ、塩少々

A 【西京味噌大さじ2、砂糖・みりん各大さじ½、青ねぎ少々】

つくり方

1. ブリは塩をして少し置いてから、アルミホイルなどを敷いたオーブントースターで焼く。
2. Aを混ぜ、塩焼きしたブリに添える。

POINT

1. ブリの味噌は塗らずに添えて。こうすると味の変化が楽しめる。
2. ハムカツの厚切りハムが手に入らないときは薄切りを2枚重ねに。
3. 卵焼きのきんぴらは多めにつくって、その残りも活用しよう。

きんぴらの卵焼き

刻んだきんぴらが楽しい

（きんぴらごぼう）

材料（2人分）

ごぼう⅓本、にんじん⅓本、れんこん⅓本、サラダ油大さじ½

A 【和風だし汁・酒・みりん各大さじ1、醤油・砂糖各大さじ½、白ごま小さじ1、ごま油小さじ½、鷹の爪（種を取って輪切りに）少々】

つくり方

1. 皮をこそげたごぼうとにんじんは縦半分に切って斜め薄切り、れんこんは皮をむき、いちょう切りにする。ごぼうとれんこんは水にさらしてあく抜きしてから水気を切る。
2. フライパンにサラダ油を軽く熱し①を炒めAを絡める。

※今回使わなかった分は保存する。

（きんぴらの卵焼き）

材料（2人分）

上記のきんぴら大さじ2、卵2個、サラダ油適量

つくり方

1. 卵を溶いて粗く刻んだきんぴらを入れる。サラダ油をひいた卵焼き鍋に3回にわけ、流し入れながら巻いて卵焼きをつくる。

見た目は地味でも
一品一品が味わい深い。
食べ進むうちに
やさしい気持ちに
なっていく。

※ご飯の上の黒ごまはお好みで。

オクラのごま和え

長いまま和えたほうが食べやすい

材料（2人分）

オクラ4本

A 【白すりごま大さじ2、砂糖大さじ½、醤油・サラダ油各小さじ1、塩・胡椒各少々】

つくり方

1. オクラは茹でて、ボウルに入れて、Aで和える。

ハムカツ

厚切りハムを使いリッチな一品に

材料（2人分）

ハム（厚切り）2枚

A 【小麦粉・溶き卵・パン粉各適量】揚げ油適量

つくり方

1. ハムにAを順につけ170℃程度の揚げ油でこんがりと揚げる。

舞茸のピリ辛ポン酢

さっぱり味は箸休めにぴったり

材料（2人分）

舞茸½パック、サラダ油大さじ½、塩・胡椒各少々、ポン酢大さじ2、鷹の爪（種を取って輪切り）少々

つくり方

1. 舞茸は石づきを取り小房にわける。
2. フライパンにサラダ油を軽く熱し、①を炒める。塩・胡椒をして火を止めてポン酢と鷹の爪を入れて混ぜる。

海老と茄子のココナッツ炒め弁当

テーマにしたのは、女性が自分のためにつくるとっておきのお弁当。ココナッツの甘い香りは癒やし効果も抜群です。

※ライムはお好みで。

POINT

1. メインのおかずのココナッツミルクは缶詰を使用。残ったらデザートに。
2. 天ぷらにする焼売は、肉、海老など好みでOK。具材で味に変化がつく。
3. ライムの薄い輪切りをくるりと巻いて彩りに。好みでおかずに搾っても。

海老と茄子のココナッツ炒め

ほんのり甘くてスパイシー

材料（2人分）
むき海老6尾、茄子1本、生姜5g、サラダ油大さじ1
A【醤油小さじ½、ココナッツミルク大さじ4、酒大さじ1、カレー粉小さじ1、塩・胡椒各少々】

つくり方
1. 茄子はヘタを取って縦半分に切ってから、1cm厚さの斜め切りにする。生姜は千切りにする。
2. サラダ油を熱したフライパンでむき海老、①を炒め、Aを加えて炒め合わせる。

キャロットラペ

甘酸っぱいフレンチのお惣菜

材料（2人分）
にんじん½本、サラダ油大さじ½、塩・胡椒各少々、白だし・白ワインビネガー各大さじ½、カレー粉小さじ½、レーズン大さじ1、パセリ（みじん切り）適量

つくり方
1. にんじんは6〜7cm長さの千切りにする。ボウルに入れて残りの材料をすべて加えてよく混ぜる。

アスパラのマリネ

さっぱり爽やか、歯ざわりも楽しい

材料（2人分）
アスパラ4本
A【オリーブオイル大さじ1½、白ワインビネガー大さじ½、塩・胡椒各少々】

つくり方
1. アスパラは茹でて2cm幅の斜め切りにする。Aをボウルに入れて混ぜ、アスパラを加えて絡める。

紫カリフラワーのオーロラ和え

色味と食感がお弁当のアクセント

材料（2人分）
紫カリフラワー（小房）4個
A【マヨネーズ大さじ2、ケチャップ大さじ½、塩・胡椒各少々】

つくり方
1. 紫カリフラワーは茹でて冷ます。
2. ①をボウルに入れてAで和える。

アジアのリゾート地で
ゆったり寛ぐような
心地のいい
エキゾチックな味わい。

焼売の天ぷら

天ぷらにしてオリジナリティを

材料（2人分）
冷凍焼売3〜4個、小麦粉少々
A【小麦粉大さじ3、冷水大さじ4】揚げ油適量

つくり方
1. 焼売は冷凍のまま小麦粉をまぶす。Aを混ぜた衣をつけて160℃程度の揚げ油でからりと揚げる。

白身魚のハーブフライ弁当

白身魚のフライはお弁当の定番だけにマンネリになりがち。
ドライハーブを使って差をつけましょう。

白身魚のハーブフライ
2つのドライハーブを絡めるだけ

材料（2人分）

白身魚（タイ、タラなど）切り身1切れ
A 【塩・胡椒・バジル（乾燥）・オレガノ（乾燥）各少々】
B 【小麦粉・溶き卵・パン粉各適量】揚げ油適量

つくり方

1. 白身魚は食べやすくそぎ切りにして、Aで下味をつける。Bを順につけ170℃程度の揚げ油でこんがりと揚げる。

スパニッシュオムレツの卵焼き
具だくさんのカジュアルオムレツ

材料（2人分）

ベーコン（薄切り）1枚、アスパラ1本、パプリカ（赤）⅙個、塩・胡椒各少々、卵2個、パルミジャーノチーズ（すりおろし）大さじ1、オリーブオイル小さじ1、バター小さじ1

つくり方

1. ベーコンを5㎜角に切り、アスパラは茹でて5㎜幅の小口切りにする。パプリカは5㎜角に切る。
2. ①をオリーブオイルで炒め、塩・胡椒をしてから冷ます。
3. 卵を溶き、②とパルミジャーノチーズを合わせる。
4. 卵焼き鍋にバターを溶かし、③を3回にわけて流し入れながら巻いて卵焼きをつくる。

パプリカの炒めマリネ
つくり置きできる洋風のお惣菜

材料（2人分）

パプリカ（赤）½個、オリーブオイル大さじ2、塩・胡椒各少々、白ワインビネガー大さじ1

つくり方

1. パプリカは種とヘタを除き乱切りにする。フライパンにオリーブオイルを軽く熱し、パプリカを炒め、塩・胡椒、白ワインビネガーを絡める。

POINT

1. ハーブフライの白身魚は鯛やタラなどお好みで。冷凍品でもOK。
2. P120〜123のソースを添えるとオリジナリティがより出る。
3. 彩りに小さく薄切りにしたレモンを散らす。フライに搾ってもいい。

豆のスパイス炒め

ピリッとスパイシーな簡単豆料理

材料（2人分）

ミックスビーンズ（茹でたもの）80g、玉ねぎ¼個、オリーブオイル大さじ½

A 【塩・胡椒各少々、バター大さじ½、オレガノ（乾燥）・カレー粉各小さじ1、クミンパウダー・ターメリック各小さじ¼】

つくり方

1. 玉ねぎは縦に薄切りにする。フライパンにオリーブオイルを軽く熱し、ミックスビーンズと玉ねぎを炒める。玉ねぎに火が通ったら、Aを絡める。

紫キャベツとベーコンのソテー

ベーコンの旨味で食べ応えがアップ

材料（2人分）

ベーコン（塊）50g、紫キャベツ1〜2枚、オリーブオイル大さじ½、にんにく（みじん切り）½片分、塩・胡椒各少々、コンソメスープ大さじ1

つくり方

1. ベーコンは1cm角のさいの目切りにする。紫キャベツは千切りにする。
2. フライパンにオリーブオイルを軽く熱し、にんにくを炒める。香りが立ったらベーコンを加えて少しカリッとするまで炒め、紫キャベツを加えてさらに炒める。塩・胡椒、コンソメスープで味を調える。

いつもの魚フライも
ハーブの香りを
ふんわりまとわせれば
ご馳走に昇格。

※レモンはお好みで。

シャケ弁当

鮭のお弁当の素朴で質素なイメージを覆そうと考えたのがこれ。おかずを思い切り豪華にした今までにないシャケ弁です。

※すだちとマイクロトマトはお好みで。

POINT

1. 塩鮭は甘口や辛口などあるが好みのものを。紅鮭にしてもOK。

2. すだちの輪切りを鮭の彩りにする。好みで搾って食べてもいい。

3. 上下二段のお弁当箱がお薦め。開けたときの驚きが演出できる。

メインは塩鮭でも
バラエティに富む
おかずを添えて
イメージを一新！

鮭の塩焼き
トースターで焼いて香ばしく

材料（2人分）
塩鮭2切れ

つくり方
1. オーブントースターにアルミホイルなどを敷いて塩鮭を焼く。

卵の茶巾煮
油揚げの中に詰めた和風の煮卵

材料（2人分）
卵2個、油揚げ1枚
A 【和風だし汁100㎖、醤油大さじ½、砂糖・酒・みりん各小さじ1】

つくり方
1. 卵は固茹でにして殻をむく。油揚げを半分に切って袋状に開き、ゆで卵を入れ楊枝でとめる。
2. 鍋に①とAを入れて、ゆっくり煮含める。

アスパラのかつお節炒め
おかかが絡まる醤油味の野菜惣菜

材料（2人分）
アスパラ4本、サラダ油小さじ1、白だし大さじ1、かつお節適量

つくり方
1. アスパラは3〜4㎝長さに切る。
2. フライパンにサラダ油を熱して①をさっと炒め、白だしとかつお節を絡める。

ゴーヤのかき揚げ
桜えびを加えて味わいに変化を

材料（2人分）
ゴーヤ¼本、玉ねぎ¼個、桜えび大さじ2、小麦粉少々
A 【小麦粉大さじ3、冷水大さじ4】揚げ油適量

つくり方
1. ゴーヤは種とワタを除いて縦に細切りにする。玉ねぎは縦に薄切りにする。ボウルにゴーヤと玉ねぎ、桜えびを入れて混ぜてから小麦粉をまぶす。
2. 別のボウルにAを合わせて衣をつくって①を絡める。少量ずつスプーンですくって、160℃程度の揚げ油でさくっとなるよう揚げる。

鶏ごぼう
甘辛く味付けしたご飯の盟友

材料（2人分）
鶏もも肉½枚、ごぼう⅓本、れんこん½本、塩・胡椒各少々、サラダ油大さじ½
A 【生姜（すりおろし）小さじ1、醤油・みりん・砂糖・酒各大さじ1、和風だし汁大さじ4】

つくり方
1. 鶏もも肉は一口大に切る。ごぼうは皮をこそげて5㎝長さの拍子木切りにし、れんこんは皮をむいて5㎜厚さの輪切りにする。
2. 鶏もも肉に塩・胡椒をして、サラダ油を熱したフライパンで表面が色づくまで焼く。
3. ②にごぼうとれんこんを加えて炒めたら、Aを加える。鶏肉と野菜に火が通り、煮汁が絡むまで煮る。

和風ポテトサラダ
口直しになる和風のさっぱり味

材料（2人分）
じゃがいも1個、紫玉ねぎ¼個、にんじん¼本、水菜3〜4本、きゅうり⅓本、塩・胡椒各少々、バター大さじ1、白だし小さじ1

つくり方
1. じゃがいもは皮と芽を取って6〜8等分に切り、茹でてからつぶす。紫玉ねぎは縦に薄切り、にんじん・きゅうりは薄いいちょう切り、水菜は2〜3㎝長さに切る。
2. じゃがいもが熱いうちにボウルに入れ、バターと白だしを混ぜてから①の残りの野菜を加えてさらに混ぜ、塩・胡椒する。

ハーブポーク弁当

蓋を開けた瞬間、ふわっとハーブやスパイスの香りが広がったら
癒やされますよね。狙いはそこ。香りを楽しむお弁当です。

ハーブポーク

ハーブの香りで豚肉がご馳走に

材料（2人分）

豚肩ロース塊肉300g、オリーブオイル大さじ½

A【塩・胡椒・タイム（乾燥）・ローズマリー（乾燥）各少々】

つくり方

1. 豚肩ロース肉にAを絡めて15分ほどおき、下味をつける。
2. ①をそぎ切りにし、オリーブオイルを熱したフライパンで両面をこんがりと焼く。

ズッキーニヌードル

和風パスタのような食べ心地

材料（2人分）

ズッキーニ⅓本、桜えび大さじ2、サラダ油大さじ½

A【生姜（すりおろし）・薄口醤油各小さじ1、和風だし汁大さじ2】

つくり方

1. ズッキーニは専用カッターでヌードル状に細切りにする。
2. フライパンにサラダ油を軽く熱し、①と桜えびを炒めたら、Aを加えて絡める。

ハーブやスパイスは
乾燥のものでOK。
あえて仕切らずに
混ざり合う香りを満喫。

POINT

1. ハーブポークの下味はしっかりつける。前日に仕込んでもよい。
2. ズッキーニヌードルには市販のカッターが必須。ネットでも購入可。
3. 乾燥ハーブはフレッシュより香りが強いので入れすぎないこと。

にんじんの粒マスタード
粒マスタードの酸味でさっぱりと

材料（2人分）
にんじん½本、オリーブオイル大さじ½、にんにく（すりおろし）小さじ½、塩・胡椒各少々、粒マスタード大さじ1、白ワインビネガー小さじ1、パセリ（みじん切り）少々

つくり方
1. にんじんは半月切りにする。材料をすべてボウルに入れて混ぜる。

とうもろこしのグリル
スパイシーな焼きとうもろこし

材料（2人分）
とうもろこし1本
A 【カレー粉・ターメリック・塩・胡椒・オリーブオイル各少々】

つくり方
1. とうもろこしは茹でて3～4㎝厚さに切る。
2. グリルパンで①を焦げ目がつくまで焼いたら、Aを混ぜたものを全体にまぶす。

豆のスパイス炒め
缶詰の豆を使えばひと手間で完成

材料（2人分）
ミックスビーンズ（茹でたもの）80g、玉ねぎ¼個、オリーブオイル大さじ½
A 【塩・胡椒各少々、バター大さじ½、オレガノ（乾燥）・カレー粉各小さじ1、クミンパウダー・ターメリック各小さじ¼】

つくり方
1. 玉ねぎは縦に薄切りにする。フライパンにオリーブオイルを軽く熱し、ミックスビーンズと玉ねぎを炒める。玉ねぎに火が通ったら、Aを絡める。

ガパオ弁当

タイ料理で人気のガパオライスをお弁当にアレンジしてみました。カフェメニューのような今っぽさがポイントです。

POINT

1. ガパオはご飯の上に盛ると食べやすくなり、味もしっとり馴染む。
2. ガパオには好みで半分に切ったゆで卵やライムを添えてもいい。
3. 副菜は野菜中心でカラフルに。切り方で食感に変化をつける。

ガパオ

鶏ひき肉を使った軽やかな味わい

材料（2人分）

鶏ひき肉80ｇ、玉ねぎ¼個、ピーマン1個、赤ピーマン½個、生姜5ｇ、サラダ油大さじ½

A 【塩・胡椒各少々、醤油小さじ1、砂糖小さじ½、ナンプラー大さじ1】

つくり方

1. 玉ねぎ、ピーマン、赤ピーマン、生姜はそれぞれみじん切りにする。
2. サラダ油を熱したフライパンで鶏ひき肉と①を炒め、Aを加えて絡める。お弁当に入れるときには、お好みで半分に切ったライムと茹で卵（ともに分量外）を添えてもいい。

かぼちゃの醤油煮

甘じょっぱく煮含めた郷愁の味

材料（2人分）

かぼちゃ¼個、和風だし汁100㎖、醤油・みりん・砂糖各大さじ1

つくり方

1. かぼちゃは種を除き3〜4㎝角に切る。鍋にかぼちゃと残りの材料をすべて入れて柔らかくなるまで煮る。

紫キャベツのコールスロー

紫のワンポイントで洗練度が上昇

材料（2人分）

紫キャベツ1〜2枚、玉ねぎ¼個、にんじん¼本

A 【オリーブオイル・レモン汁各大さじ1、マヨネーズ大さじ2、塩・胡椒各少々】

つくり方

1. 紫キャベツは千切り、玉ねぎは縦に薄切り、にんじんは5㎝長さの千切りにする。
2. ①とAをボウルに入れて混ぜる。

にんじんのシリシリ

ツナ缶でつくれる手軽な炒め物

材料（2人分）

にんじん½本、ツナ缶30ｇ、サラダ油大さじ½

A 【醤油・砂糖各小さじ1、和風だし汁大さじ2】

つくり方

1. にんじんは5〜6㎝長さの太めの千切りにする。
2. フライパンにサラダ油を軽く熱し①とほぐしたツナを入れて炒め、Aを絡める。

エスニックのご飯を
曲げわっぱに詰めれば
ぬくもりを感じる
カフェ風弁当が完成。

海老たま

プリプリの海老とふわふわの卵

材料（2人分）

にら5〜6本、むき海老6尾、卵2個、薄口醤油小さじ1、ガラスープの素少々、サラダ油大さじ½

つくり方

1. にらは3〜4㎝長さに切る。卵は溶いて、薄口醤油とガラスープの素を混ぜる。
2. フライパンにサラダ油を熱し、むき海老とにらを炒める。サラダ油を少し足して（分量外）、調味した溶き卵を流し入れ全体をとじるように焼く。

タンドリーチキン弁当

カレーはお弁当に向かないけれど、タンドリーチキンならOK。スパイシーな鶏肉はご飯によく合いますよ。

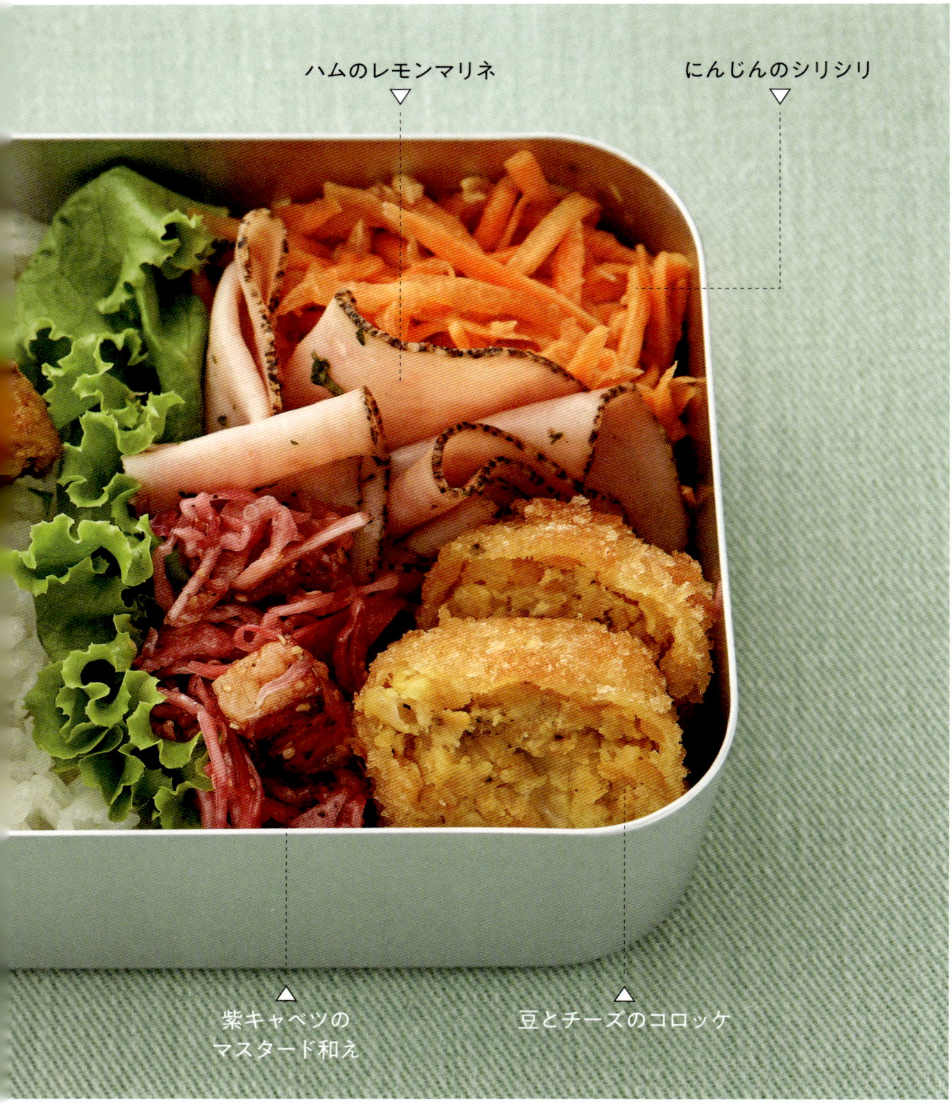

タンドリーチキン

香ばしくてピリッとスパイシー

材料（2人分）

鶏もも肉½枚、サラダ油大さじ½

A【ヨーグルト大さじ1、にんにく・生姜（すりおろし）各小さじ½、白ワイン大さじ½、カレー粉小さじ1、ガラムマサラ・ターメリック・オレガノ（乾燥）各少々】

つくり方

1. 鶏もも肉は一口大に切る。Aを混ぜ合わせて鶏もも肉とともにビニール袋に入れて約15分置く。
2. サラダ油を熱したフライパンで①を両面こんがりと焼き、中まで火を通す。

POINT

1. タンドリーチキンは前日に仕込んでおけば朝は焼くだけ。味も馴染む。
2. 詰めるときはタンドリーチキンをご飯の上へ。味が染みておいしい。
3. メインがしっかりした味なので、副菜はさっぱり系を中心に構成。

にんじんのシリシリ

素朴で懐かしい沖縄料理のお惣菜

材料（2人分）

にんじん½本、ツナ缶30g、サラダ油大さじ½

A 【醤油・砂糖各小さじ1、和風だし汁大さじ2】

つくり方

1. にんじんは5〜6cm長さの太めの千切りにする。
2. フライパンにサラダ油を軽く熱し①とほぐしたツナを入れて炒め、Aを絡める。

ハムのレモンマリネ

レモンの風味でさっぱり爽やか

材料（2人分）

ペッパーハム4枚、オリーブオイル大さじ2、レモン汁大さじ1、パセリ（みじん切り）少々

つくり方

1. ボウルにすべての材料を入れてよく和える。

豆とチーズのコロッケ

チーズが潜むヘルシーなコロッケ

材料（2人分）

ひよこ豆（茹でたもの）80g、玉ねぎ¼個、カレー粉小さじ½、オレガノ（乾燥）少々、コンテチーズ30g

A 【小麦粉・溶き卵・パン粉各適量】揚げ油適量

つくり方

1. ひよこ豆をすりつぶし、みじん切りにした玉ねぎ、カレー粉、オレガノを加えてよく混ぜる。
2. 5mm角に切ったコンテチーズを中心に入れてゴルフボールぐらいに成形する。
3. Aを順につけて、170℃程度の揚げ油でこんがりと揚げる。

お馴染みのインド料理をお弁当向けにアレンジ。スパイスの香りが旅心をくすぐる。

紫キャベツのマスタード和え

差し色になる艶やかな炒め物

材料（2人分）

紫キャベツ1〜2枚、水菜4〜5本、ベーコン（塊）50g、オリーブオイル大さじ½

A 【粒マスタード大さじ1、塩・胡椒各少々、レモン汁大さじ2】

つくり方

1. 紫キャベツは千切りにし、水菜は3〜4cm長さに切る。ベーコンは拍子木切りにする。
2. フライパンにオリーブオイルを軽く熱し、ベーコンをカリカリになるまで炒める。ボウルに入れて①の野菜とAを加えて和える。

牛かつ弁当

入試や昇進試験に臨む家族に「頑張って」の気持ちを届ける
パワフル弁当です。食べれば合格間違いなし?!

牛かつ

香ばしい衣が
牛肉の旨味を後押し

材料（2人分）

牛ももステーキ肉2枚、塩・胡椒各少々

A 【小麦粉・溶き卵・パン粉各適量】揚げ油適量

つくり方

1. 牛ももステーキ肉に塩・胡椒をし、Aを順につけてから170℃程度の揚げ油でこんがりと揚げる。

アスパラのかつお節炒め

おかかと醤油を絡めた和風の一品

材料（2人分）

アスパラ4本、サラダ油小さじ1、白だし大さじ1、かつお節適量

つくり方

1. アスパラは3〜4㎝長さに切る。
2. フライパンにサラダ油を熱して①をさっと炒め、白だしとかつお節を絡める。

さつまいものレモン煮

さっぱりとした甘煮は口直しに

材料（2人分）

さつまいも（輪切り）5〜6枚、バター大さじ½、和風だし汁100㎖、レモン（輪切り）3〜4枚、砂糖大さじ1

つくり方

1. 鍋に材料をすべて入れて火にかけ、柔らかくなるまで煮る。

ごぼうとにんじんのマヨ和え

シャキシャキの歯ざわりが軽快

材料（2人分）

ごぼう⅓本、にんじん⅓本

A 【マヨネーズ大さじ2、醤油小さじ½、白ごま小さじ1、塩・胡椒各少々、ごま油少々】

つくり方

1. 皮をこそげたごぼうは6〜7㎝長さの細切りにし、水にさらしてあく抜きする。にんじんも6〜7㎝長さの細切りにする。
2. ①を茹で、粗熱が取れたらボウルに入れてAを加えて和える。

POINT

1. 牛かつ用のステーキ肉は脂身の少ない部位が向く。
2. 牛かつはご飯にのせ、すだちの輪切りを彩りに。搾ってもいい。
3. セロリのサルサはレタスを丸めたカップに入れて味移りを防ぐ。

赤身のステーキ肉を
からっと揚げれば
サクサクジューシーで
リッチな味わい。

セロリのサルサ

清涼感に富むメキシコ風サラダ

材料（2人分）

セロリ½本、プチトマト4個、紫玉ねぎ¼個、きゅうり⅓本

A【オリーブオイル大さじ1、塩・胡椒・タバスコ各少々、白ワインビネガー小さじ1、レモン汁小さじ1】

つくり方

1. セロリは筋を取って乱切りにする。プチトマトはヘタを除き4等分に切る。紫玉ねぎはみじん切り、きゅうりは5㎜角に切る。
2. ①をボウルに入れて、Aをよく混ぜる。

和風ポテトサラダ

牛肉と好相性のパートナー

材料（2人分）

じゃがいも1個、紫玉ねぎ¼個、にんじん¼本、水菜3〜4本、きゅうり⅓本、塩・胡椒各少々、バター大さじ1、白だし小さじ1

つくり方

1. じゃがいもは皮と芽を取って6〜8等分に切り、茹でてからつぶす。紫玉ねぎは縦に薄切り、にんじん・きゅうりは薄いいちょう切り、水菜は2〜3㎝長さに切る。
2. じゃがいもが熱いうちにボウルに入れ、バターと白だしを混ぜてから①の残りの野菜を加えてさらに混ぜ、塩・胡椒する。

酢豚弁当

イメージは中国の日常弁当。ご飯の上におかずがぎっしりのって、ごちゃっと雑多な感じが食欲をそそるんです。

POINT

1. 酢豚は通常塊肉からつくるが、薄切りのバラ肉を使って時間を短縮。
2. ご飯の上を隙間なくおかずで埋めるとアジアの雰囲気が出せる。
3. お浸しやマヨネーズ味のおかずが入ると味わいに変化が生まれる。

円形のホーロー容器で
アジアンテイストに。
おかずの味が染みたご飯は
丼物とはひと味違う美味。

酢豚
薄切り肉を使った揚げない酢豚

材料（2人分）
豚バラ薄切り肉4枚、玉ねぎ¼個、パプリカ（赤）¼個、しめじ⅓パック、サラダ油大さじ1
A 【酒大さじ½、塩・胡椒各少々、片栗粉大さじ1】
B 【醤油・酒・酢各大さじ½、砂糖大さじ1、水大さじ2】

つくり方
1. 豚バラ薄切り肉は3〜4cm長さに切って、Aを絡めて下味をつける。玉ねぎはくし形に、パプリカは乱切りにする。しめじは石づきを取り小房にわける。
2. サラダ油を熱したフライパンで豚バラ薄切り肉を焼き、火が通ったら、玉ねぎ、パプリカ、しめじを炒め合わせる。Bを絡めて、とろみが出るまで炒め合わせる。

ズッキーニのクミン炒め
ジューシー感と香りが味の決め手

材料（2人分）
ズッキーニ¼本、オリーブオイル大さじ½、塩・胡椒・クミンシード各少々

つくり方
1. ズッキーニは5mm厚さの輪切りにする。フライパンにオリーブオイルを軽く熱し、ズッキーニを広げて焼く。両面が香ばしく焼けたら、塩・胡椒・クミンシードで味を調える。

ブロッコリーとカリフラワーのカレーマヨ和え
野菜を包むまろやかなカレー味

材料（2人分）
ブロッコリー・カリフラワー（小房）各4個、紫玉ねぎ¼個
A 【マヨネーズ大さじ3、オリーブオイル大さじ½、カレー粉小さじ1、ターメリック・塩・胡椒各少々】

つくり方
1. ブロッコリーとカリフラワーは茹でて、紫玉ねぎは縦に薄切りにする。
2. ボウルに①とAを加えて和える。

もやしザーサイピリ辛和え
ザーサイとラー油で中華の惣菜に

材料（2人分）
もやし80g、味付けザーサイ30g、白ごま・塩・胡椒各少々、ラー油小さじ1、リンゴ酢大さじ½

つくり方
1. もやしは茹でる。味付けザーサイは細かく切っておく。
2. もやしが熱いうちに、ボウルに全材料を入れて和える。

キャベツと海老の卵炒め
具材の食感の違いが楽しい一品

材料（2人分）
キャベツ1〜2枚、むき海老6尾、生姜（すりおろし）小さじ1、しめじ½パック、サラダ油大さじ½、卵2個
A 【塩・胡椒各少々、オイスターソース大さじ½、酒小さじ1】

つくり方
1. キャベツは短冊切りに、しめじは石づきを取り小房にわける。むき海老には生姜を絡めておく。
2. フライパンにサラダ油を軽く熱して①を炒める。海老に火が通ったら、Aを絡める。最後に溶いた卵を入れて炒めながら絡める。

ゴーヤのお浸し
細長く切って和のお惣菜に

材料（2人分）
ゴーヤ⅓本
A 【和風だし汁大さじ1、醤油大さじ½、みりん小さじ1、かつお節少々】

つくり方
1. ゴーヤはワタと種を除いてから5cm長さの拍子木切りにして、さっと茹でる。
2. ①とAをボウルに入れて混ぜる。

ローストビーフ弁当

ローストビーフは食べ応えがあるのにさっぱりヘルシー。健康を考えて、緑黄色野菜もたっぷり入れました。

※すだち、トレビスはお好みで。

POINT

1. お弁当用のローストビーフは通常よりしっかり火を通すこと。
2. P120〜123にあるソースを別容器で添え、食べるときに肉にかけても。
3. かき揚げの仕切りにはトレビスを利用。見た目もナチュラル。

野菜中心の副菜で
栄養バランスは満点。
午後も元気に過ごせる
女性に嬉しいお弁当。

ローストビーフ

塊肉をしっとりとロースト

材料（2人分）

ローストビーフ用牛塊肉300g、塩・胡椒各少々、オリーブオイル大さじ½

つくり方

1. 牛塊肉に塩・胡椒し、オリーブオイルを熱したフライパンで、全面をこんがりとしっかり焼く。アルミホイルに包んで20分程度置き、食べやすく切る。

にんじんのかき揚げ

甘味が鮮明に広がる

材料（2人分）

にんじん¼本、小麦粉少々

A 【小麦粉大さじ3、冷水大さじ4】揚げ油適量

つくり方

1. にんじんは5～6cm長さの千切りにして小麦粉をまぶす。
2. Aを混ぜた衣に①を入れて、少量ずつ160℃程度の揚げ油に入れて揚げる。

とうもろこしのグリル

茹でてから焼いて時間を短縮

材料（2人分）

とうもろこし1本

A 【カレー粉・ターメリック・塩・胡椒・オリーブオイル各少々】

つくり方

1. とうもろこしは茹でて3～4cm厚さに切る。
2. グリルパンで①を焦げ目がつくまで焼いたら、Aを混ぜたものを全体にまぶす。

ほうれん草と油揚げのお浸し

ほっと和む薄味のだし仕立て

材料（2人分）

ほうれん草⅓束、油揚げ½枚

A 【和風だし汁大さじ3、醤油・みりん各小さじ1】

つくり方

1. ほうれん草は茹でて3～4cm長さに切ってボウルに入れる。
2. 短冊切りにした油揚げとAを鍋でひと煮たちさせてから、①に注いで味を馴染ませる。

和風ポテトサラダ

紫玉ねぎで見た目も艶やかに

材料（2人分）

じゃがいも1個、紫玉ねぎ¼個、にんじん¼本、水菜3～4本、きゅうり⅓本、塩・胡椒各少々、バター大さじ1、白だし小さじ1

つくり方

1. じゃがいもは皮と芽を取って6～8等分に切り、茹でてからつぶす。紫玉ねぎは縦に薄切り、にんじん・きゅうりは薄いいちょう切り、水菜は2～3cm長さに切る。
2. じゃがいもが熱いうちにボウルに入れ、バターと白だしを混ぜてから①の残りの野菜を加えてさらに混ぜ、塩・胡椒する。

牛すき焼き弁当

**料亭のお弁当をイメージしたすき焼き重。贅沢感があるから
お祝いの日や行楽弁当にもお薦めです。**

牛すき焼き

砂糖は使わずすっきりした甘さに

材料（2人分）

牛切り落とし肉100g、椎茸2枚、焼き豆腐½丁、しらたき50g

A【醤油大さじ3、みりん・酒各大さじ4、和風だし汁大さじ2】

つくり方

1. 椎茸は軸を落とし、カサの中心に飾り包丁を入れる。焼き豆腐は一口大に切る。しらたきはさっと茹でて食べやすい長さに切る。
2. Aを鍋に入れ、軽く煮立ったら牛切り落とし肉と①の具材を入れて煮る。お好みで七味唐辛子（分量外）を振る。

じゃがいもの
ぶぶあられコロッケ

お茶漬け用のあられを衣に活用

材料（2人分）

じゃがいも1個、ベーコン（薄切り）1枚、塩・胡椒各少々

A【小麦粉・溶き卵・ぶぶあられ各適量】揚げ油適量

つくり方

1. じゃがいもは皮と芽を取り6〜8等分に切って茹でつぶす。みじん切りにしたベーコンと塩・胡椒を加えてよく混ぜ、3㎝ぐらいの球状にする。
2. Aを順につけ170℃程度の揚げ油でこんがりと揚げる。

玉ねぎの醤油煮

生姜が効いて後味はさっぱり

材料（2人分）

玉ねぎ1個、生姜5g

A【和風だし汁100㎖、醤油・みりん各大さじ1、砂糖大さじ½】

つくり方

1. 玉ねぎは1㎝ほどの厚さで輪切りにする。生姜は千切りにする。
2. 小鍋にAを入れて、煮立ったら①を入れて柔らかくなるまで煮る。

芽キャベツと
ベーコンのかつお節炒め

食べ応えのある和洋折衷の炒め物

材料（2人分）

芽キャベツ5個、ベーコン（薄切り）2枚、サラダ油大さじ½

A【塩・胡椒各少々、醤油小さじ1、和風だし汁大さじ1、かつお節適量】

つくり方

1. ベーコンは5〜6㎜幅に切り、芽キャベツは半分に切る。フライパンにサラダ油を軽く熱し、ベーコンをこんがりと炒め、半分に切った芽キャベツを加えてさらに炒める。火が通ったらAを加えて絡める。

POINT

1. 牛すき焼きはご飯にのせて汁気問題を解消。牛丼感覚で。
2. 牛すき焼きの色合いが地味なので、副菜は別にしてカラフルに。
3. 玉ねぎの醤油煮はお弁当箱の大きさによってすき焼きに添えても。

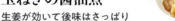

二段の曲げわっぱに
すき焼きをのせたご飯と
艶やかさを演出した
おかずの数々を入れて。

スパニッシュオムレツの卵焼き

チーズ風味のカラフルオムレツ

材料（2人分）

ベーコン（薄切り）1枚、アスパラ1本、パプリカ（赤）1/6個、塩・胡椒各少々、卵2個、パルミジャーノチーズ（すりおろし）大さじ1、オリーブオイル小さじ1、バター小さじ1

つくり方

1. ベーコンを5㎜角に切り、アスパラは茹でて5㎜幅の小口切りにする。パプリカは5㎜角に切る。
2. ①をオリーブオイルで炒め、塩・胡椒をしてから冷ます。
3. 卵を溶き、②とパルミジャーノチーズを合わせる。
4. 卵焼き鍋にバターを溶かし、③を3回にわけて流し入れながら巻いて卵焼きをつくる。

かぼちゃのマッシュ

甘味とまろやかさはデザート感覚

材料（2人分）

かぼちゃ（3〜4㎝角）5〜6個、紫玉ねぎ1/4個、水菜3〜4本、バター大さじ1/2、はちみつ大さじ1、塩・胡椒各少々、白だし小さじ1

つくり方

1. かぼちゃは茹でてつぶす。紫玉ねぎは縦に薄切り、水菜は3〜4㎝長さに切る。
2. かぼちゃが熱いうちに、ボウルに①と残りの材料をすべて入れて混ぜる。

メンチカツ弁当

メンチカツは出来合いを使いがちですが、家でつくったほうがやっぱりおいしい。副菜は野菜中心でヘルシーに。

POINT

1. メンチカツはハンバーグ種に玉ねぎを加えて食感をリズミカルに。
2. 揚げ物のお弁当は色が沈みがちなので野菜の副菜で色味を加える。
3. 健康を気遣うならご飯は玄米に。お弁当用はやわらかめに炊こう。

メンチカツ
ザクザクした歯ざわりがおいしい

材料（2人分）
ハンバーグ種80g（つくり方はP45参照）、玉ねぎ¼個
A 【小麦粉・溶き卵・パン粉各適量】揚げ油適量

つくり方
1. 玉ねぎは1cm角に切り、ハンバーグ種に混ぜる。2～3cmの小判形に丸め、Aを順につけ170℃程度の揚げ油でこんがりと揚げる。

芽キャベツとベーコンの粒マスタード
ググッと食べ応えあるおかずに

材料（2人分）
ベーコン（塊）50g、芽キャベツ5個、オリーブオイル大さじ½
A 【コンソメスープ・粒マスタード各大さじ1、塩・胡椒・パセリ（みじん切り）各少々】

つくり方
1. ベーコンは拍子木切りにする。芽キャベツは4等分に切る。フライパンにオリーブオイルを熱し、ベーコンと芽キャベツを炒める。Aを加えてさらに軽く炒める。

ハンバーグ種を
多めに仕込んでおけば
メンチカツだって
ラクラク簡単に完成。

カラフルピーマンのツナ和え
彩りを生むサラダ感覚の和え物

材料（2人分）
カラフルピーマン（赤・オレンジ・緑）各¼個、プチトマト3個、ツナ缶60g
A 【マヨネーズ大さじ2、薄口醤油小さじ½、塩・胡椒各少々】

つくり方
1. カラフルピーマンはそれぞれヘタと種を取り、縦に細切りにする。プチトマトは半分に切る。
2. ボウルに①とツナを入れて、Aを加えて和える。

たけのこのおかか炒め
かつお節と醤油の風味に箸が進む

材料（2人分）
たけのこ（水煮）½本、サラダ油大さじ½
A 【醤油小さじ1、和風だし汁大さじ2、塩・胡椒・かつお節各少々、白ごま小さじ2】

つくり方
1. たけのこは短冊切りにする。フライパンにサラダ油を軽く熱し、たけのこを炒めてAを絡める。

トンテキ弁当

体育会系男子にエールを送る、食べ応えのあるパワフル弁当です。酸味や苦味など味のバランスも考えました。

POINT

1. トンテキはご飯の上へ。味が染みておいしく、液だれも防げる。
2. 副菜は舞茸のポン酢味、ゴーヤの苦味などで五味のバランスを取る。
3. 揚げ物が入るとごほうび感がアップ。冷凍品でもOK。

トンテキのタレが
じわっと染みたご飯は
最高のごほうび。
二段弁当で
パワーチャージ！

トンテキ
玉ねぎで深みを出したタレが絶品

材料（2人分）
豚ロースとんかつ用肉2枚、塩・胡椒各少々、サラダ油大さじ½
A 【玉ねぎ（すりおろし）1個分、生姜（すりおろし）2片分、はちみつ大さじ1、酒大さじ3、醤油大さじ2】

つくり方
1. 豚ロース肉はAに約15分程度漬け込んで下味をつける。
2. サラダ油を熱したフライパンに①を入れ両面こんがりと焼く。漬け汁を加えて汁気がなくなるまで炒め、塩・胡椒で味を調える。

ひき肉のコロッケ
ハンバーグ種を使ったミニサイズ

材料（2人分）
ハンバーグ種80g（つくり方はP45参照）、じゃがいも1個
A 【小麦粉・溶き卵・パン粉各適量】揚げ油適量

つくり方
1. じゃがいもは茹でてつぶしておく。ハンバーグ種を混ぜて半量ずつ俵形にし、Aを順につける。
2. 170℃程度の揚げ油で①をこんがりと揚げる。

舞茸のピリ辛ポン酢
市販のポン酢を使ったピリ辛味

材料（2人分）
舞茸½パック、サラダ油大さじ½、塩・胡椒各少々、ポン酢大さじ2、鷹の爪（種を取って輪切り）少々

つくり方
1. 舞茸は石づきを取り小房にわける。
2. フライパンにサラダ油を軽く熱し、舞茸を炒める。塩・胡椒をして火を止めてポン酢と鷹の爪を入れて混ぜる。

たけのこのピリ辛マヨ和え
辛味の効いたマヨネーズ味が新鮮

材料（2人分）
たけのこ（水煮）½本
A 【マヨネーズ大さじ2、七味唐辛子・ごま油・ラー油・塩・胡椒各少々】

つくり方
1. たけのこは小さめの乱切りにする。
2. ボウルに①とAを入れて混ぜる。

ひじきの煮物
甘さ控えめの心和む定番惣菜

材料（2人分）
ひじき（戻したもの）20g、ごぼう30g、油揚げ1枚、サラダ油大さじ½
A 【和風だし汁100㎖、砂糖大さじ1、醤油大さじ1½】

つくり方
1. ごぼうはささがきにし、油揚げは横半分に切ってから細切りにする。
2. 鍋にサラダ油を熱し①とひじきを炒める。Aを入れたら落とし蓋をして煮含める。

ゴーヤのお浸し
苦味がおいしいさっぱり和風味

材料（2人分）
ゴーヤ⅓本
A 【和風だし汁大さじ1、醤油大さじ½、みりん小さじ1、かつお節少々】

つくり方
1. ゴーヤはワタと種を除いてから5㎝長さの拍子木切りにして、さっと茹でる。
2. ①とAをボウルに入れて混ぜる。

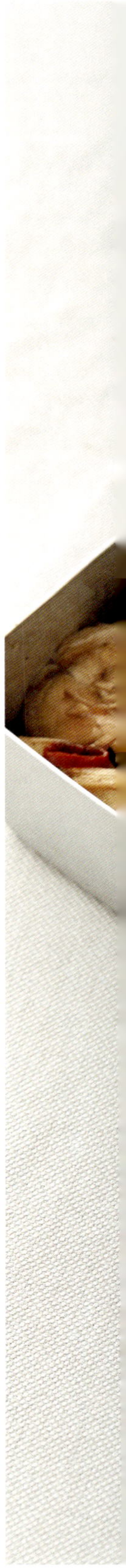

いんげんと大葉の豚巻き弁当

グラウンドで汗を流す、食べ盛りの男子学生のための応援弁当。パワーあふれるおかずを揃えました。

POINT

1. 豚巻きはあえて切らずにご飯の上へ。豪快にいきたい。
2. メンチカツにはハンバーグ種を活用。前日に仕込んでおくといい。
3. お弁当箱は深型の大きめサイズ。ダイナミックに盛りつけるべし。

いんげんと大葉の豚巻き

野菜を巻けば栄養バランスも◎

材料（2人分）

いんげん8本、大葉8枚、豚バラ薄切り肉4枚、塩・胡椒各少々、小麦粉少々、サラダ油小さじ1

A 【醤油・酒・みりん各大さじ1、砂糖大さじ½】

つくり方

1. いんげんはヘタを落として茹でる。豚バラ薄切り肉1枚に塩・胡椒をする。肉の上に大葉2枚を並べておき、いんげん2本を芯にしてらせん状に巻く。同じ要領で豚巻きを計4本つくり、それぞれに小麦粉をつける。
2. フライパンにサラダ油を熱し、①を転がしながら焼き、Aを絡め、塩・胡椒で味を調える。

ほうれん草と油揚げのお浸し

だしで味わう定番の和のお惣菜

材料（2人分）

ほうれん草⅓束、油揚げ½枚

A 【和風だし汁大さじ3、醤油・みりん各小さじ1】

つくり方

1. ほうれん草は茹でて3～4cm長さに切ってボウルに入れる。
2. 短冊切りにした油揚げとAを鍋でひと煮たちさせてから、①に注いで味を馴染ませる。

長い豚巻きを
がぶりと頬張れば
パワーがみなぎり
満足感も倍増。

メンチカツ

角切りの玉ねぎで歯応えをプラス

材料（2人分）

ハンバーグ種80g（つくり方はP45参照）、玉ねぎ¼個

A 【小麦粉・溶き卵・パン粉各適量】揚げ油適量

つくり方

1. 玉ねぎは1cm角に切り、ハンバーグ種に混ぜる。2～3cmの小判形に丸め、Aを順につけ170℃程度の揚げ油でこんがりと揚げる。

にんじんのシリシリ

ツナと炒めた素朴でやさしい一品

材料（2人分）

にんじん½本、ツナ缶30g、サラダ油大さじ½

A 【醤油・砂糖各小さじ1、和風だし汁大さじ2】

つくり方

1. にんじんは5～6cm長さの太めの千切りにする。
2. フライパンにサラダ油を軽く熱し①とほぐしたツナを入れて炒め、Aを絡める。

ゴーヤのスパイス炒め

スパイス風味で苦味がマイルドに

材料（2人分）

むき海老6尾、ゴーヤ⅓本、玉ねぎ¼個、サラダ油大さじ½

A 【塩・胡椒・ガラムマサラ各少々、カレー粉小さじ1、醤油小さじ½、酒大さじ½】

つくり方

1. むき海老は2～3等分に切る。ゴーヤは2～3mm厚さの輪切りにして、箸で種とワタをこそげ取る。玉ねぎは縦に薄切りにする。
2. フライパンにサラダ油を軽く熱し、①を炒める。火が通ったらAを絡める。

ビーフステーキ弁当

「おめでとう」の言葉に代えてつくりたいスペシャル弁当。
気持ちが伝わるプレゼントになるはず。

昇進、合格、誕生日……。
特別な嬉しい日は
ちょっと奮発して
ステーキをメインに。

POINT

1. お弁当のステーキはレアではなく
しっかりめに火を通そう。

2. 脂のある肉がメインなので
副菜にはさっぱりしたものを入れる。

3. レモン煮のレモンは彩りとして
入れるが、食べてもOK。

ビーフステーキ

表面はパリッ、中はジューシー

材料（2人分）

牛ももステーキ肉1枚、塩・胡椒各少々、オリーブオイル大さじ½

つくり方

1. 牛ももステーキ肉に塩・胡椒をし、オリーブオイルを熱したフライパンで両面こんがりと焼き、火を通す。

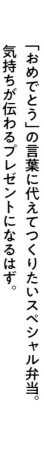

豆とベーコントマト煮

素材からのコクで豆をおいしく

材料(2人分)

ベーコン(塊)50g、にんにく(みじん切り)小さじ1、ひよこ豆(茹でたもの)80g、玉ねぎ¼個、マッシュルーム2個、オリーブオイル大さじ½

A 【バター大さじ½、塩・胡椒各少々、トマト水煮缶(カット)150g、白ワイン大さじ1、コンソメ顆粒小さじ½】

つくり方

1. ベーコンは拍子木切りにし、玉ねぎとマッシュルームは薄切りにする。
2. フライパンにオリーブオイルを軽く熱し、①とにんにく、ひよこ豆を炒める。Aを入れて汁気がなくなるまで煮る。

紫キャベツの コールスロー

レモンが効いたさっぱりマヨ味

材料(2人分)

紫キャベツ1〜2枚、玉ねぎ¼個、にんじん¼本

A 【オリーブオイル・レモン汁各大さじ1、マヨネーズ大さじ2、塩・胡椒各少々】

つくり方

1. 紫キャベツは千切り、玉ねぎは薄切り、にんじんは5㎝長さの千切りにする。
2. ①とAをボウルに入れて混ぜる。

パプリカの グリルオイル漬け

とろりと甘いパプリカのご馳走

材料(2人分)

パプリカ(赤)1個

A 【オリーブオイル大さじ2、塩・胡椒各少々、白ワインビネガー大さじ1、パセリ(みじん切り)少々】

つくり方

1. パプリカは表面を炙って薄皮をむいてから、ヘタと種を除いて一口大の乱切りにする。
2. ボウルにAを混ぜて①を漬け込む。

※パセリはお好みで。

高菜の卵焼き

発酵の風味と塩気が卵にマッチ

材料(2人分)

卵2個、高菜漬け大さじ2、和風だし汁大さじ1、サラダ油適量

つくり方

1. 高菜漬けは小口に刻み、だし汁とともに溶いた卵に加える。サラダ油をひいた卵焼き鍋で3回にわけて流し入れながら巻いて卵焼きをつくる。

さつまいものレモン煮

酸味と甘味が至福のコラボ

材料(2人分)

さつまいも(輪切り)5〜6枚、バター大さじ½、和風だし汁100㎖、レモン(輪切り)3〜4枚、砂糖大さじ1

つくり方

1. 鍋に材料をすべて入れて火にかけ、柔らかくなるまで煮る。

Chapter 2

これで弁当バリエーションが100倍に！

覚えておきたい、ミラクル「おかず」レシピ

速水流のアイデアが詰まったおかずレシピは
脱・マンネリの頼もしい味方。
つくり置きがきくおかずも多いので、
引き出しを増やしてお弁当づくりを楽しみましょう。

忙しい朝でも、簡単、素早く、
楽しみながら調理できるように考えた
調理テクが満載です！

「鶏のから揚げ」「ハンバーグ種」を利用！

お弁当の登場回数でツートップの鶏のから揚げとハンバーグの種を巧みにアレンジ。
この技を覚えれば、バリエーションが一気に倍増。手間と時間を省く奥の手にもなります。

鶏のから揚げ－基本

材料（2人分）

鶏もも肉3枚、片栗粉適量

A 【生姜・にんにく（すりおろし）各1片分、卵1個、醤油大さじ3、酒・みりん各大さじ1】揚げ油各適量

つくり方

1. 鶏もも肉は一口大に切りAを絡めて下味をつける。片栗粉をまぶし170°C程度の揚げ油でこんがりと揚げる。

活用 01

鶏から揚げの甘酢あん

甘酸っぱさが酢豚に似た食べ心地

材料（2人分）

鶏のから揚げ3～4個

A 【ガラスープ大さじ1、砂糖・酢各大さじ½、醤油小さじ1】

つくり方

1. 小鍋にAを入れて沸かしたら、鶏のから揚げを入れて全体に絡める。

活用 02

鶏から揚げタルタルソース

チキン南蛮風のガッツリ系おかず

材料（2人分）

鶏のから揚げ3～4個

A 【紫玉ねぎ（みじん切り）・マヨネーズ各大さじ2、ケッパー（粗く刻む）・レモン汁各小さじ1、ピクルス（みじん切り）大さじ1、塩・胡椒各少々】

つくり方

1. Aをボウルで混ぜてタルタルソースをつくり、鶏のから揚げにかける。

活用 03

鶏から揚げの照り焼きソース

焼き鳥を思わせる懐かしい味わい

材料（2人分）

鶏のから揚げ3～4個

A 【醤油・砂糖各大さじ½、みりん大さじ1、和風だし汁大さじ2】

つくり方

1. 小鍋にAを入れて軽く煮立て、鶏のから揚げを入れて絡める。

活用 04

鶏から揚げのピリ辛豆板醤ソース

まろやかな辛味が包む中華風惣菜

材料（2人分）

鶏のから揚げ3～4個

A 【豆板醤小さじ½、ガラスープ大さじ2】

つくり方

1. 小鍋にAを入れて軽く煮立て、鶏のから揚げを入れて絡める。

活用 05

鶏から揚げのハーブ風味

爽やかな香りのプロヴァンス風

材料（2人分）

鶏のから揚げ3～4個

A 【タイム・ローズマリー・オレガノ（すべて乾燥）各少々】

つくり方

1. 鶏のから揚げをビニール袋に入れ、Aを加えてよく振って絡める。

活用 06

スパイシー鶏から揚げ

刺激と香りが弾ける南米テイスト

材料（2人分）

鶏のから揚げ3～4個

A 【クミンパウダー・ターメリック・チリパウダー各少々】

つくり方

1. 鶏のから揚げをビニール袋に入れ、Aを加えてよく振って絡める。

基本のハンバーグ種

材料

合びき肉500g、玉ねぎ1個、サラダ油大さじ½

A【パン粉40g、牛乳80㎖、卵1個、塩・胡椒・ナツメグ各少々】

つくり方

1. 玉ねぎはみじん切りにして、サラダ油を熱したフライパンでしんなりするまで炒めて冷ます。
2. ボウルに合びき肉を入れて練り、①の玉ねぎとAを混ぜて肉種をつくる。

活用 01

ハンバーグ

ふっくらジューシーな安定の味

材料（2人分）

ハンバーグ種80g、オリーブオイル大さじ½

つくり方

1. ハンバーグ種を半量ずつ小判形に成形する。
2. フライパンにオリーブオイルを熱して両面こんがりと焼き、中まで火を通す。

活用 02

ミートボールフライ

マッシュルーム入りで旨味が倍増

材料（2人分）

ハンバーグ種80g、マッシュルーム2個

A【小麦粉・溶き卵・パン粉各適量】揚げ油適量

つくり方

1. マッシュルームをみじん切りにしてハンバーグ種に混ぜる。2〜3cmの球状に丸め、Aを順につけ170℃程度の揚げ油でこんがりと揚げる。

活用 03

メンチカツ

際立つ玉ねぎのシャキシャキ食感

材料（2人分）

ハンバーグ種80g、玉ねぎ¼個

A【小麦粉・溶き卵・パン粉各適量】揚げ油適量

つくり方

1. 玉ねぎは1cm角に切り、ハンバーグ種に混ぜる。2〜3cmの小判形に丸め、Aを順につけ170℃程度の揚げ油でこんがりと揚げる。

活用 04

スコッチエッグ

ゆで卵を包み込んだ幸せの二重奏

材料（2人分）

ハンバーグ種80g、卵2個、小麦粉適量

A【小麦粉・溶き卵・パン粉各適量】揚げ油適量

つくり方

1. 卵を茹でて殻をむき、小麦粉をまぶしてから、半量ずつハンバーグ種を周りにつけて丸める。
2. ①にAを順につけ170℃程度の揚げ油でこんがりと揚げる。

活用 05

ひき肉のコロッケ

肉の存在が光るホクホクコロッケ

材料（2人分）

ハンバーグ種80g、じゃがいも1個、小麦粉適量

A【小麦粉・溶き卵・パン粉各適量】揚げ油適量

つくり方

1. じゃがいもは茹でてつぶして冷ましておく。ハンバーグ種を混ぜて半量ずつ俵形にし、Aを順につける。
2. 170℃程度の揚げ油で①をこんがりと揚げる。

活用 06

ハンバーグのトマト煮

トマトの旨味が染みた煮込み系

材料（2人分）

ハンバーグ種80g、オリーブオイル大さじ½

A【玉ねぎ（みじん切り）½個分、にんにく（みじん切り）小さじ½、トマト水煮缶（カット）100g、トマトペースト大さじ2、和風だし汁大さじ3、醤油小さじ½、酒大さじ½、塩・胡椒各少々】

つくり方

1. ハンバーグ種を2等分して成形し、オリーブオイルでこんがりと焼いて取り出す。
2. 同じフライパンにAを入れて煮立て、①を戻してハンバーグに火が通りとろりとするまで煮る。

活用 07

カラフルピーマンの肉詰め

ピーマンの甘味で味わいも華やか

材料（2人分）

ハンバーグ種120g、カラフルピーマン（赤・緑・オレンジ）各1個、小麦粉・パン粉各適量、サラダ油大さじ2

つくり方

1. カラフルピーマンはそれぞれ縦半分に切り、ヘタと種を取り除く。内側に小麦粉を振り、ハンバーグ種を詰め、表面にパン粉を振る。
2. サラダ油を熱したフライパンに①を肉の面から入れ、こんがり色づいたら裏返して中まで火が通るように焼く。

「メイン」。これを変えれば、お弁当は別モノに！

主菜の食材や味の方向性から、副菜を決めていくのがお弁当づくりのセオリー。主役となるおかずのレパートリーを増やせば、バリエーションも自然に広がっていきます。

鶏煮

甘辛いタレが絡むもも肉ロール

材料（2人分）

鶏もも肉1枚、サラダ油大さじ½

A【生姜（すりおろし）小さじ1、醤油・オイスターソース各大さじ½、酒・みりん・砂糖各大さじ1、和風だし汁大さじ4】

つくり方

1. 鶏もも肉は厚い部分を開く。端から巻き込み、タコ糸で巻いて縛る。
2. 鍋にサラダ油を熱し、①の肉の表面に焼き色をつける。
3. Aを加え、落とし蓋をしながら煮る。
4. 落とし蓋をはずし、③の煮汁に照りが出るまで煮詰めて仕上げ、お好みでカットする。

短時間でつくれるようにアイデアを駆使したボリューム満点の肉系メインディッシュ。

鶏手羽元のBBQ風

甘めのタレでジャンク感を演出

材料（2人分）

鶏手羽元8本、塩・胡椒各少々

A【生姜・にんにく（すりおろし）各少々、ウスターソース小さじ1、ケチャップ大さじ2、コンソメ顆粒小さじ½、水100㎖、レモン汁小さじ1】

つくり方

1. 鶏手羽元に塩・胡椒をし、鍋にAとともに入れて煮る。

豚大根

ほんのり甘い素朴な炒め煮

材料(2人分)

豚ロース薄切り肉4枚、塩・胡椒各少々、サラダ油小さじ1、大根3〜4cm、しめじ½パック、生姜(千切り)少々

A【醤油・酒・みりん各大さじ1、砂糖大さじ½、和風だし汁大さじ4】

つくり方

1. 豚ロース薄切り肉は一口大に切る。大根はいちょう切り、しめじは石づきを取って小房にわける。肉に塩・胡椒をし、サラダ油を熱した鍋で炒める。
2. ①の鍋に大根、しめじ、生姜を加えて炒め、Aを加えて煮る。

豚肉のカラフルな青椒肉絲

２色のピーマンで見た目も楽しく

材料(2人分)

豚ロース塊肉100g、サラダ油大さじ½、ピーマン1個、赤ピーマン1個

A【生姜(すりおろし)・サラダ油各小さじ1、塩・胡椒各少々、酒・片栗粉各大さじ½】

B【オイスターソース大さじ½、醤油小さじ1、酒大さじ1】

つくり方

1. 豚ロース塊肉は5mm角ぐらいの細切りにしてAを絡める。
2. ピーマンと赤ピーマンはヘタと種を取り、縦に細切りにする。フライパンにサラダ油を熱し、炒めて取り出す。
3. ②のフライパンに残ったサラダ油で、①を炒める。火が通ったら②のピーマンを戻し入れ、Bを加え炒める。

豚肉と厚揚げの豆板醤炒め

具材の食感が生きたピリ辛中華風

材料(2人分)

豚バラ薄切り肉4枚、厚揚げ½枚、椎茸2枚、小松菜2束、サラダ油小さじ1

A【生姜(すりおろし)小さじ1、豆板醤小さじ½、醤油小さじ1、酒大さじ1、ごま油少々】

つくり方

1. 豚バラ薄切り肉は2〜3cm幅に切る。厚揚げは半分に切って5mm厚さに切り、椎茸は十字に4等分に切る。小松菜は茹でて3〜4cm長さに切る。
2. フライパンにサラダ油を熱し、小松菜以外の①の具材を炒める。火が通ったらAを加えて絡め、最後に小松菜を加え炒める。お好みで白ごま(分量外)を振る。

鶏ひき肉と厚揚げの生姜醤油煮

素朴な味わいが懐かしい

材料（2人分）

鶏ひき肉60g、厚揚げ½枚、椎茸2枚、生姜（千切り）少々、サラダ油小さじ1

A 【塩・胡椒各少々、醤油大さじ½、みりん・酒各大さじ1、和風だし汁100㎖】

つくり方

1. 厚揚げは6等分に切る。椎茸は薄切りにする。
2. 鍋にサラダ油、生姜、鶏ひき肉を入れ、そぼろ状になったら、①とAを加え煮含める。

牛ごぼう

にんにくでコクのある甘辛味に

材料（2人分）

牛切り落とし肉100g、ごぼう½本、赤ピーマン½個、サラダ油大さじ½、にんにく・生姜（すりおろし）各小さじ1

A 【醤油大さじ3、みりん・酒各大さじ4、砂糖・和風だし汁各大さじ½】

つくり方

1. ごぼうはたたいて縦半分に切り、3〜4㎝長さに切る。水に放ちあくを抜き、水気を切る。赤ピーマンは種とヘタを除いて細切りにする。
2. フライパンにサラダ油を熱し、牛肉を炒め、①のごぼうを加えてさらに炒める。
3. ②に①の赤ピーマン、にんにく、生姜、Aを加え絡めるように炒める。

しみじみおいしい
和風のおかず。
渋くシックに
まとめたいときに。

油揚げとしらすのチーズ焼き

しらすの塩気が味のアクセントに

材料（2人分）

油揚げ1枚、しらす30g、スライスチーズ2枚、ごま油少々

つくり方

1. 油揚げを半分に切って袋状にし、スライスチーズとしらすを入れ、楊枝でとめる。
2. ごま油を熱したフライパンで表面がカリッとするまで焼く。

エビチリ

フライパン一つで本格の味わいに

材料(2人分)

むき海老10尾、サラダ油大さじ½

A【塩・胡椒各少々、サラダ油小さじ1、酒大さじ½、片栗粉大さじ1】

B【にんにく・生姜(すりおろし)各小さじ1、長ねぎ(みじん切り)3〜4cm分、豆板醤小さじ½】

C【ケチャップ・ガラスープ各大さじ2、酒大さじ½、砂糖小さじ1、醤油小さじ½】

つくり方

1. 海老はAで下味をつけ、サラダ油を熱したフライパンで炒める。
2. Bを加えて炒め合わせ、最後にCを加えて絡める。

お弁当の花形になる人気中華と洋風煮込み。食べ盛りの子どもも大満足のお惣菜。

エビマヨ

プリプリまろやかな和み系中華

材料(2人分)

むき海老10尾、サラダ油大さじ½

A【塩・胡椒各少々、サラダ油小さじ1、酒大さじ½、片栗粉大さじ1】

B【牛乳・マヨネーズ各大さじ1、砂糖小さじ½】

つくり方

1. 海老はAで下味をつけ、サラダ油を熱したフライパンで炒める。火が通ったらBを加えて絡める。

ソーセージとベーコンのトマト煮

キャベツの甘味がソースと一体化

材料(2人分)

ソーセージ2本、ベーコン(塊)60g、キャベツ1〜2枚、にんにく(みじん切り)1片分、オリーブオイル大さじ½

A【トマト水煮缶(カット)・トマトペースト各大さじ2、コンソメ顆粒小さじ½、水大さじ3、塩・胡椒各少々】

つくり方

1. ソーセージは斜め切り、ベーコンは拍子木切り、キャベツは太めの千切りにする。
2. オリーブオイルを熱したフライパンで①とにんにくを炒め、Aを加えて煮汁がほとんどなくなるまで煮る。

ブリ大根

ブリの味の染み込んだ大根が絶品

材料（2人分）

ブリ1切れ、大根3〜4cm、生姜（千切り）少々、サラダ油大さじ½

A 【醤油・酒各大さじ1、みりん大さじ½、砂糖小さじ1、和風だし汁100mℓ】

つくり方

1. ブリは半分に切る。大根は2mm厚さのいちょう切りにする。
2. サラダ油を熱した鍋で①と生姜を炒め、Aを加えて煮る。

鮭のラタトゥイユ

鮭を入れればフレンチ風の主菜に

材料（2人分）

鮭2切れ、ズッキーニ¼本、茄子½本、パプリカ（黄）¼個、オリーブオイル大さじ1

A 【塩・胡椒各少々、トマトペースト・トマト水煮缶（カット）各大さじ2、オレガノ（乾燥）・パセリ（みじん切り）各少々】

つくり方

1. 鮭はオリーブオイル大さじ½を熱したフライパンで焼いて取り出す。
2. ズッキーニは半月切り、茄子、パプリカは乱切りにする。
3. フライパンにオリーブオイル大さじ½を熱して②を炒め、Aを加えて汁気がなくなるまで煮て、①の鮭にかける。

セロリとイカの炒め物

食感の違いが楽しいあっさり炒め

材料（2人分）

セロリ½本、イカ（胴のみ）½杯、赤ピーマン½個、生姜（すりおろし）小さじ1、サラダ油大さじ½

A 【塩・胡椒各少々、醤油小さじ1、ガラスープ大さじ1】

つくり方

1. セロリは筋を取り乱切りにする。赤ピーマンはヘタと種を取り、縦に5mm幅の細切りにする。イカは皮をむき表に格子状に細かく包丁を入れ、短冊切りにする。
2. フライパンにサラダ油を軽く熱し、①と生姜を炒めてAを絡める。

チキンハーブフライ

清涼な香りが立つご馳走フライ

材料（2人分）

鶏むね肉1枚

A 【塩・胡椒・バジル（乾燥）・オレガノ（乾燥）各少々】

B 【小麦粉・溶き卵・パン粉各適量】揚げ油適量

つくり方

1. 鶏むね肉は開いて一口大に切り、Aで下味をつける。Bを順につけ170℃程度の揚げ油でこんがりと揚げる。

香ばしい揚げ物は
お弁当のヒーロー。
手づくりすれば
笑顔が花開く。

とんかつ

旺盛な食欲を満たす揚げ物の雄

材料（2人分）

豚ロース肉1枚、塩・胡椒各少々

A 【小麦粉・溶き卵・パン粉各適量】揚げ油適量

つくり方

1. 豚肉は塩・胡椒をしてAを順につけ、170℃程度の揚げ油でこんがりと揚げる。

海老コロッケ

かぶりつけばプリッと海老が出現

材料（2人分）

むき海老6尾、じゃがいも1個、にんにく・生姜（すりおろし）各少々、パセリ（みじん切り）少々

A 【小麦粉・溶き卵・パン粉各適量】揚げ油適量

つくり方

1. むき海老は茹でて刻む。じゃがいもは茹でてつぶす。
2. ①とにんにく、生姜、パセリを加えて混ぜて成形する。Aを順につけ170℃程度の揚げ油でこんがりと揚げる。

ポテサラコロッケ

余ったポテトサラダが大変身

材料（2人分）

和風ポテトサラダ80g（つくり方はP31参照）

A 【小麦粉・溶き卵・パン粉各適量】揚げ油適量

つくり方

1. 和風ポテトサラダはつぶしておく。
2. ①を小さめのボール状に成形し、Aを順につけ170℃程度の揚げ油でこんがりと揚げる。

茄子と鶏ひき肉の味噌炒め

とろり火が通った茄子のおいしさ

材料（2人分）

鶏ひき肉60g、茄子1本、生姜（すりおろし）小さじ1、サラダ油大さじ½

A 【塩・胡椒各少々、醤油小さじ½、酒・みりん各大さじ½、和風だし汁大さじ2、信州味噌大さじ1】

つくり方

1. 茄子はヘタを落として輪切りにする。フライパンにサラダ油を軽く熱し、鶏ひき肉と茄子と生姜を炒め、Aを絡める。

育ち盛りの子どもには
肉をメインにしつつ
野菜も加えれば
栄養面でも文句なし。

カブと鶏ひき肉の味噌炒め

やさしい味噌風味で、かぶが引き立つ

材料（2人分）

鶏ひき肉60g、カブ2個、生姜（すりおろし）小さじ1、サラダ油小さじ1

A 【塩・胡椒各少々、醤油小さじ½、酒・みりん各大さじ½、信州味噌大さじ1、和風だし汁大さじ2】

つくり方

1. カブは皮をむき、くし形に薄めに切る。
2. フライパンにサラダ油を軽く熱し、鶏ひき肉と生姜、①を炒め、Aを絡める。

ピーマンと豚バラ肉の和風炒め

大きめカットのシンプルな肉炒め

材料（2人分）

豚バラ薄切り肉2枚、ピーマン1個、生姜（すりおろし）小さじ1、サラダ油小さじ1

A 【塩・胡椒各少々、醤油大さじ½、酒・みりん各大さじ1、白ごま小さじ1】

つくり方

1. 豚バラ肉は3～4㎝幅に切る。ピーマンはヘタと種を取って乱切りにする。
2. フライパンにサラダ油を軽く熱し、①と生姜を入れて炒め、Aを絡める。

さつまいもと豚肉の豆板醤炒め

甘味と辛味が融合するボリューム系

材料（2人分）

さつまいも½本、豚バラ薄切り肉2枚、サラダ油小さじ1

A 【塩・胡椒各少々、醤油大さじ1、生姜（すりおろし）小さじ1、豆板醤小さじ½、酒大さじ½、白ごま小さじ1、ごま油少々】

つくり方

1. さつまいもは皮ごと半月切りにし、豚バラ肉は2〜3㎝幅に切る。
2. フライパンにサラダ油を軽く熱し、さつまいもと豚肉を炒めAを絡めて火を通す。

かぼちゃとひき肉の辛炒め

ねっとり甘いかぼちゃをピリ辛に

材料（2人分）

豚ひき肉60g、かぼちゃ100g、生姜（千切り）少々、サラダ油小さじ1

A 【醤油大さじ½、豆板醤小さじ½、酒・白ごま各小さじ1】

つくり方

1. かぼちゃは種とワタを取ってくし型に切る。
2. フライパンにサラダ油を軽く熱し、豚ひき肉をパラパラに炒めたら、①を加えてさらに炒め合わせる。生姜とAを入れて柔らかくなるまで炒める。

じゃがいもとひき肉の味噌煮

肉じゃがのひき肉味噌バージョン

材料（2人分）

豚ひき肉60g、じゃがいも2個、サラダ油大さじ½

A 【塩・胡椒各少々、醤油小さじ½、みりん・砂糖各大さじ½、白ワイン大さじ2、信州味噌大さじ1、黒ごま小さじ1、ごま油少々、和風だし汁200㎖】

つくり方

1. じゃがいもは皮をむき芽を取って6〜8等分に切る。
2. フライパンにサラダ油を軽く熱し、豚ひき肉をパラパラに炒めて①を炒め合わせる。Aを入れて煮汁が絡み柔らかくなるまで煮る。お好みで茹でたスナップエンドウ（分量外）を合わせてもよい。

「副菜」。これ一つで、お弁当をバージョンアップ！

バラエティに富んだ副菜は、お弁当をよりおいしく楽しくする盛り上げ役。身近な食材でつくれるお惣菜をピックアップしました。保存がきくものが多いのも特徴です。

大根と大葉のポン酢和え

千切り野菜がシャキシャキ爽やか

材料（2人分）

大根3〜4㎝、大葉2枚、水菜3〜4本、白ごま小さじ1、ポン酢大さじ2

つくり方

1. 大根と大葉は千切り、水菜は3〜4㎝長さに切る。
2. ボウルに①と白ごまを入れてポン酢で和える。お好みで、大葉の千切り（分量外）を彩りにのせる。

パパッと手軽にできて
見栄えもする
野菜にフォーカスした
お弁当の名脇役。

キャベツのパセリ和え

パセリのほろ苦さが口直しにも

材料（2人分）

キャベツ1〜2枚、パセリ少々、紫スプラウト適量

つくり方

1. キャベツは千切り、パセリはみじん切りにする。紫スプラウトは根を切る。
2. ボウルに①を入れて和える。

オクラと長いもの和え物

ねばねば野菜が手を結ぶごま風味

材料(2人分)

オクラ4本、長いも3〜4㎝、紫スプラウト適量

A 【白だし大さじ1、白ごま小さじ1、かつお節適量】

つくり方

1. オクラは茹で、ヘタを落として斜め切りにする。長いもは皮をむき、半月切りにする。紫スプラウトは根を切る。
2. ①をボウルに入れてAで和える。

セロリとにんじんのごま和え

炒めて和えるサラダ感覚

材料(2人分)

セロリ½本、にんじん¼本、サラダ油・ごま油各小さじ1

A 【塩・胡椒各少々、白すりごま大さじ½、醤油・砂糖各小さじ1】

つくり方

1. セロリは筋を取り、短冊切りにする。にんじんは5㎝長さの千切りにする。
2. フライパンにサラダ油とごま油を軽く熱し、①を炒めAを絡める。

玉ねぎのかつお節和え

さっと炒めて歯ざわりを軽やかに

材料(2人分)

玉ねぎ½個、生姜(千切り)少々、サラダ油大さじ½、ごま油小さじ2、かつお節適量

A 【塩・胡椒各少々、醤油小さじ2、白ごま小さじ1】

つくり方

1. 玉ねぎは縦に4〜5㎜厚さのくし切りにする。
2. フライパンにサラダ油を軽く熱して①と生姜を炒める。Aを加えてさらに炒め、仕上げにごま油とかつお節を絡める。

ちくわツナマヨ

ツナが仲を取り持つ和風マヨ和え

材料（2人分）

ちくわ2本、ツナ缶30g、マヨネーズ・白ごま各大さじ1、醤油・リンゴ酢各小さじ1

つくり方

1. ちくわは斜め切りにする。ボウルにちくわと残りの材料をすべて入れて和える。

さつまいもの細切り大学芋風

芋けんぴのような甘い香ばしさ

材料（2人分）

さつまいも½本、黒ごま大さじ1

A 【砂糖・みりん各大さじ1、醤油大さじ½】サラダ油適量

つくり方

1. さつまいもは皮ごと拍子木切りにして、水にさらしてあく抜きした後、よく水気を拭き取る。
2. フライパンに多めのサラダ油を熱して①を揚げて取り出す（揚げ油もあける）。
3. ②のフライパンにAを入れて軽く煮詰め、取り出したさつまいもを戻し黒ごまを加えて絡める。

とうもろこしとひよこ豆のバター醤油

つぶつぶ食材の香ばしい炒め物

材料（2人分）

コーン缶（ホール）80g、ひよこ豆（水煮）40g、サラダ油小さじ1、バター大さじ½、醤油小さじ1

つくり方

1. フライパンにサラダ油とバターを軽く熱し、コーンとひよこ豆を炒めて醤油を絡める。

カラフルうずら卵

パステルカラーのキュートな卵

材料（3人分）

イエロー　【うずら卵3個、カレー粉小さじ1、水100㎖】
ピンク　【うずら卵3個、紫キャベツ（千切り）1〜2枚分、水100㎖】
パープル　【うずら卵3個、ビーツ（皮をむき薄切り）50g、水100㎖】

つくり方

1. うずらの卵は茹でて殻をむく。
2. 残りの材料とともに、それぞれ別のビニール袋に入れ、冷蔵庫に一昼夜置いて色をつける。

色合いや切り方に
アイデアが光る
オリジナリティ豊かな
サイドディッシュ。

ほうれん草ベーコン

ベーコンの旨味と和風だしが決め手

材料（2人分）

ほうれん草⅓束、ベーコン（薄切り）2枚、サラダ油・バター各小さじ1

A【塩・胡椒各少々、醤油小さじ1、酒小さじ½、和風だし汁大さじ2】

つくり方

1. ほうれん草は茹でて、根元を落として3〜4㎝幅に切る。ベーコンは1㎝幅に切る。
2. フライパンにサラダ油とバターを軽く熱し、①を炒めてAを絡める。

ほうれん草のチーズオムレツ

野菜が摂れるニュースタンダード

材料（2人分）

ベーコン（薄切り）2枚、ほうれん草⅓束、塩・胡椒各少々、オリーブオイル・バター各小さじ1

A【卵2個、パルミジャーノチーズ（すりおろし）大さじ1】

つくり方

1. ベーコンは1㎝幅に切る。ほうれん草は茹でて、根元を落として3〜4㎝幅に切る。
2. フライパンにオリーブオイルを軽く熱し、①を炒めて塩・胡椒をして取り出す。
3. フライパンにバターを溶かし、Aと②を混ぜたものを流し入れオムレツをつくる。

紫いものコロッケ

インパクトのある甘いコロッケ

材料(2人分)

紫いも150g、塩・胡椒各少々

A 【小麦粉・溶き卵・パン粉各適量】揚げ油適量

つくり方

1. 紫いもは皮をむいて適当な大きさに切り、茹でてつぶす。塩・胡椒をして棒状に成形する。
2. Aを順につけ170℃程度の揚げ油でこんがりと揚げる。

満足感につながる野菜の揚げ物はおかずが寂しいときのありがたい救世主。

揚げじゃがいものスパイス風味

シャカシャカ振ってスパイシーに

材料(2人分)

じゃがいも(小)5〜6個

A 【カレー粉小さじ½、ガラムマサラ・ターメリック・オレガノ(乾燥)・塩・胡椒各少々】揚げ油適量

つくり方

1. じゃがいもはよく洗い、皮付きのまま半分に切る。
2. ①を160℃程度の揚げ油で素揚げする。芯まで火が通ったらフライパンに移し、Aを絡めながら炒める。

ズッキーニフライ

衣の中はしっとりジューシー

材料(2人分)

ズッキーニ½本、塩・胡椒各少々

A 【小麦粉・溶き卵・パン粉各適量】揚げ油適量

つくり方

1. ズッキーニは輪切りにし、塩・胡椒をする。Aを順につけ170℃程度の揚げ油でこんがりと揚げる。

さつまいもの天ぷら

ゆっくり揚げればほくほく甘い

材料（2人分）

さつまいも4㎝、小麦粉少々

A 【小麦粉大さじ3、冷水大さじ4】揚げ油適量

つくり方

1. さつまいもは1㎝幅の輪切りにし、小麦粉をまぶし、Aでつくった衣をつけて160℃程度の揚げ油でからりと揚げる。

アボカドフライ

まったりとした揚げ物の新境地

材料（2人分）

アボカド½個

A 【小麦粉・溶き卵・パン粉各適量】揚げ油適量

つくり方

1. アボカドは種と皮を取り、横に薄切りにする。Aを順につけて170℃程度の揚げ油でこんがりと揚げる。

ハムのピカタ

卵の衣でご飯に合うお惣菜に躍進

材料（2人分）

ハム（厚切り）2枚、小麦粉少々、オリーブオイル・バター各大さじ½

A 【卵2個、塩・胡椒各少々、パルミジャーノチーズ（すりおろし）大さじ1】

つくり方

1. ハムに小麦粉をまぶし、Aを混ぜたものを絡める。オリーブオイル、バターを熱したフライパンで、両面を色よく焼く。

にらたま

色合いもやさしいほのぼの惣菜

材料（2人分）

玉ねぎ¼個、にら5〜6本、サラダ油大さじ½

A 【卵2個、薄口醤油小さじ1、和風だしの素少々】

つくり方

1. 玉ねぎは縦に薄切り、にらは3〜4cm長さに切る。フライパンにサラダ油を熱して一緒に炒める。
2. サラダ油（分量外）を足して、Aをよく混ぜて流し入れる。全体をとじるように焼く。

元気の素になる
パワフル弁当には
食べ応えのある
副菜をチョイス。

じゃがいもときのことベーコンの粒マスタード

きのこを加えたジャーマンポテト

材料（2人分）

ベーコン（塊）50g、じゃがいも1個、しめじ¼パック、玉ねぎ¼個、にんにく（みじん切り）小さじ1、オリーブオイル大さじ1、塩・胡椒各少々、粒マスタード大さじ1

つくり方

1. ベーコンは拍子木切りにする。じゃがいもは皮をむき芽を取って半月切り、しめじは石づきを取って小房にわけ、玉ねぎは縦に薄切りにする。
2. フライパンにオリーブオイルを軽く熱し①とにんにくを炒め、塩・胡椒、粒マスタードで味を調える。

芽キャベツの肉味噌炒め

ほっくり食感が楽しい甘辛味噌味

材料（2人分）

豚ひき肉60g、にんにく・生姜（すりおろし）各小さじ½、芽キャベツ5個、サラダ油小さじ1

A 【信州味噌・みりん各大さじ1、醤油小さじ½、酒大さじ½】

つくり方

1. 芽キャベツは半分に切る。フライパンにサラダ油を熱して豚ひき肉、にんにく、生姜を入れて炒める。豚ひき肉がパラパラにほぐれたら、芽キャベツを炒め合わせ、火が通ったらAを絡める。

メインと副菜のセレクトで、お弁当は無限大に！

いろんなおかずが一つの世界を生み出しているところがお弁当の面白さ。だから組み合わせで可能性が広がります。

さらに変化を出すためには、切り方にバリエーションを持たせること。千切りがあれば、乱切りがあったり、ブロック状のものがあったり。そうすると見栄えがするし、食べていても楽しいんです。切り方は短時間で仕上げるポイントにもなります。根菜は薄切りにして、火を通りやすくするといった工夫も、紹介したおかずには盛り込んでいます。もちろん、大きめに切ってゆっくり味を入れたい料理もあるので、それは最初に火にかけるか、前日につくる。完成の時間から逆算して段取りを組むと、スムーズに進んでお弁当づくりが楽しくなりますよ。

超カンタン、食材5段活用で「最後の一品」づくり

「あともう一品、この隙間を埋めたい」というとき、活躍するのがこの食材5段活用術。
切り方と味付けで一つの野菜から5通りの副菜が誕生。覚えておきたいおかずの方程式です。

ポイントは、食材に、ちょっと手を加えてA～Eの調味料を活用するだけ！

調味料A とは、かつお節適量、塩・胡椒各少々。
調味料B とは、白だし・醤油・酒・みりん各小さじ½、塩・胡椒各少々。
調味料C とは、スパイス(カレー粉、クミンパウダー、お好みでチリパウダー少々)。
調味料D とは、豆板醤小さじ½、塩・胡椒各少々。
調味料E とは、塩・胡椒各少々。

これをマスターしたら、おかずの数が、すぐに倍増。
13食材から生まれるおかずを、お弁当に加えてみよう。

カラフルパプリカ

赤・黄・オレンジなどそれぞれの料理に合わせて
1個ずつ程度

A シャキシャキ細切りのごまおかか

追加▶ごま油大さじ½、黒ごま小さじ1

1. パプリカを細切りにしてごま油で炒め、黒ごま、Aを絡める。

調味料 A

かつお節適量、塩・胡椒各少々

B 太切り炒めは素材甘味が鮮烈

追加▶ピーマン½個、サラダ油大さじ½、白ごま小さじ1

1. パプリカを縦に1～2cm幅に切り、ピーマンは細切りにして、サラダ油で炒め、白ごま、Bを絡める。

調味料 B

白だし・醤油・酒・みりん各小さじ½
塩・胡椒各少々

C スパイスに負けないよう乱切りに

追加▶ピーマン1個、サラダ油大さじ½、パセリ（乾燥）少々

1. パプリカ、ピーマンを乱切りにしてサラダ油で炒め、C、パセリを絡める。

調味料 C

スパイス
（カレー粉、クミンパウダー、お好みでチリパウダー少々）

D セロリ入り辛炒めは歯応えアップ

追加▶セロリ½本、サラダ油大さじ½

1. パプリカ、セロリは乱切りにしてサラダ油で炒め、Dを絡める。

調味料 D

豆板醤小さじ½、塩・胡椒各少々

E 細切りからさっぱりした和え物に

追加▶白だし小さじ1、レモン汁大さじ½、カイワレ少々

1. パプリカは細切りにしてカイワレとともにボウルに入れ、E、白だし、レモン汁で和える。

調味料 E

塩・胡椒各少々

紫キャベツ

それぞれの料理に1～2枚程度

桜えびが香ばしいザク切り炒め

追加▶オリーブオイル大さじ½、桜えび大さじ2

1. 紫キャベツはザク切りにしてオリーブオイルで炒め、桜えび、Aを絡める。

千切りにしてさっぱり和え物に

追加▶サラダ油大さじ1、パセリ(みじん切り)少々、大葉(千切り)2枚分、コーン缶(ホール)大さじ3

1. 紫キャベツは千切りにして、全材料とBをボウルに入れて和える。

千切りとベーコンのスパイス和え

追加▶サラダ油大さじ½、ベーコン(薄切り)(1cm幅程度に切る)2枚分

1. 紫キャベツは千切りにする。サラダ油でベーコンをカリカリに炒め、紫キャベツ、Cを炒め合わせる。

ザク切りとエリンギでピリ辛炒め

追加▶サラダ油大さじ½、エリンギ(3～4cm長さに切ったものをさく)1本分

1. 紫キャベツはザク切りにする。サラダ油で紫キャベツ、エリンギを炒め、Dを絡める。

千切りとレモンでサラダ仕立てに

追加▶オリーブオイル大さじ1、粒マスタード大さじ½、レモン汁小さじ2

1. 紫キャベツは千切りしてボウルに入れ、E、全材料を入れて和える。お好みでいちょう切りのレモン(分量外)を加えてもいい。

にんじん

それぞれの料理に60g程度

細切りを炒めてほっくり甘く

追加▶サラダ油大さじ½、白だし小さじ1

1. にんじんは大きめの細切りにしてサラダ油で炒め、白だし、Aを絡める。

A

食感が楽しい半月切りのツナ炒め

追加▶サラダ油大さじ½、ツナ缶小1個

1. にんじんは薄い半月切りにしてサラダ油で炒め、ツナ缶、Bを炒め合わせる。

B

厚めに切ってクミンの香りをプラス

追加▶サラダ油大さじ½、セロリ½本、クミンシード小さじ½

1. にんじんは半月切り、セロリは斜め切りにしてサラダ油で炒め、C、クミンシードを絡める。

C

存在感のある輪切りでピリ辛炒め

追加▶サラダ油大さじ½、バター10g

1. にんじんは輪切りにしてサラダ油とバターで炒め、Dを絡める。

D

細切りからサラダ感覚のマヨ和え

追加▶パセリ(みじん切り)少々、紫スプラウト少々、マヨネーズ大さじ2、レモン汁小さじ1

1. にんじんは千切りにしてEと全材料をボウルに入れて和える。

E

ごぼう

それぞれの料理に皮をこそいだもの60g程度。切ったら水にさらしてあく抜きした後、水気を取る

A 無骨な太切りを力強いおかか味に

追加▶サラダ油大さじ½、醤油小さじ1、白ごま小さじ1、ごま油少々

1. ごぼうは3〜4cm長さに切り、太さに応じて縦2〜4等分に切る。
2. ①をサラダ油で炒め、A、醤油、白ごま、ごま油を絡める。

B 椎茸入りのキリッとしたきんぴら

追加▶サラダ油大さじ½、にんじん（細切り）30g、椎茸（薄切り）2枚分

1. ごぼうは細切りにして、にんじん、椎茸とともにサラダ油で炒め、Bを絡める。

C 斜め切りで素朴なスパイス炒めに

追加▶サラダ油大さじ½、にんじん（斜め薄切り）30g

1. ごぼうは斜め薄切りにして、にんじんとともにサラダ油で炒め、Cを絡める。

D 繊細なささがきに絡むピリ辛風味

追加▶サラダ油大さじ½

1. ごぼうはささがきにしてサラダ油で炒め、Dを絡める。

E 細切りを梅味のごぼうサラダに

追加▶梅干し（種を取ってたたく）1個分、マヨネーズ大さじ2、白ごま少々

1. ごぼうは細切りにして茹で、E、全材料を入れて和える。

れんこん

それぞれの料理に80g程度

A ほくほくの乱切りをかつお炒めで

追加▶サラダ油大さじ½、ごま油少々

1. れんこんは乱切りにしてサラダ油で炒め、A、ごま油を絡める。

B 白だし炒めは見栄えする輪切りに

追加▶しめじ（石づきを取り、小房にわける）50g、サラダ油大さじ½

1. れんこんは輪切りにしサラダ油で炒め、しめじを炒め合わせ、Bを絡める。

C 輪切りを炒めたスパイスチップ

追加▶サラダ油大さじ½、パセリ（みじん切り）少々

1. れんこんは薄い輪切りにし、サラダ油で炒め、C、パセリを絡める。

D ごまが弾ける半月切りのピリ辛味

追加▶サラダ油大さじ½、黒ごま小さじ1、ごま油少々

1. れんこんは薄い半月切りにし、サラダ油で炒め、D、黒ごま、ごま油を絡める。

E 厚めの半月切りからツナマヨ和え

追加▶マヨネーズ大さじ2、ツナ缶30g

1. れんこんは半月切りにし、E、全材料を入れて和える。

調味料A【かつお節適量、塩・胡椒各少々】／調味料B【白だし・醤油・酒・みりん各小さじ½、塩・胡椒各少々】
調味料C【スパイス（カレー粉、クミンパウダー、お好みでチリパウダー少々）】／調味料D【豆板醤小さじ½、塩・胡椒各少々】／調味料E【塩・胡椒各少々】

アスパラ

それぞれの料理に4～5本程度

丸太切りをピリッとおかか炒めに

追加▶サラダ油大さじ½、醤油小さじ1、鷹の爪（種を取って輪切り）適量

1. アスパラは3～4cm長さに切り、サラダ油で炒め、A、醤油、鷹の爪を絡める。

歯ごたえのある乱切りのじゃこ炒め

追加▶サラダ油大さじ½、しらす大さじ3

1. アスパラは乱切りにしてサラダ油で炒め、しらすを炒め合わせ、Bを絡める。

香り豊かな斜め切りのベーコン炒め

追加▶サラダ油大さじ½、薄切りベーコン（1cm幅に切る）2枚分

1. アスパラは斜め切りにしてベーコンとともにサラダ油で炒め、Cを絡める。

ピリ辛炒めは舞茸とのコンビが絶妙

追加▶サラダ油大さじ½、舞茸（小房にわける）⅓パック分

1. アスパラは乱切りにし、舞茸とともにサラダ油で炒め、Dを絡める。

ジューシーに茹でてかつおマヨ和えに

追加▶マヨネーズ大さじ2、かつお節適量、白だし小さじ1

1. アスパラは3～4cm長さに切って茹で、E、全材料を入れて和える。

セロリ

それぞれの料理に½本程度

A

食べ応えのある乱切りおかか炒め

追加▶サラダ油大さじ½

1. セロリは乱切りにしてサラダ油で炒め、Aを絡める。

B

斜め薄切りのシンプルな醤油味

追加▶サラダ油大さじ½、ごま油少々

1. セロリは斜め薄切りにしてサラダ油で炒め、B、ごま油を絡める。

C

繊細な細切りのスパイシー和え

追加▶大根（細切り）40g、サラダ油大さじ½

1. セロリは細切りにし、C、全材料を入れて和える。

D

もやしと斜め薄切りの辛味和え

追加▶豆もやし（茹でたもの）50g、サラダ油大さじ½

1. セロリは斜め薄切りにして茹で、D、全材料を入れて和える。

E

乱切りとトマトのレモンサラダ

追加▶トマト（乱切り）½個分、パセリ（みじん切り）少々、レモン汁大さじ½、サラダ油大さじ½

1. セロリは乱切りにして、E、全材料を入れて和える。

ブロッコリー・カリフラワー

茹でたもの、それぞれの料理に小房6個程度、
半量ずつ使用の場合は各3個程度

A

緑と白の色が映えるおかか炒め

追加▶サラダ油大さじ½

1. ブロッコリー、カリフラワーをサラダ油で炒め、Aを絡める。

B

美的なカリフラワーのパセリ和え

追加▶パセリ（みじん切り）少々

1. カリフラワーは半分に切り、B、パセリと和える。

C

彩りも楽しいカレー風味の炒め物

追加▶サラダ油大さじ½、枝豆（茹でたもの）10粒、薄切りベーコン（1cm幅に切る）2枚分

1. サラダ油でカリフラワー、ベーコンを炒め、枝豆、Cを絡める。

D

マイルドなピリ辛ブロッコリー

追加▶サラダ油大さじ½、マヨネーズ大さじ1、醤油小さじ½

1. サラダ油でブロッコリーを炒め、D、マヨネーズ、醤油を絡める。

E

桜えびで和風のマヨネーズ和えに

追加▶桜えび大さじ2、マヨネーズ大さじ2、白だし小さじ½

1. ブロッコリーを刻み、E、全材料を入れて和える。

ゴーヤ

それぞれの料理に⅓本程度。種とワタを取る

苦味が和らぐ半月切りおかか炒め

追加▶サラダ油大さじ½、白ごま小さじ1

1. ゴーヤは薄い半月切りにし、サラダ油で炒め、A、白ごまを絡める。

風味が際立つ乱切りの和風仕立て

追加▶サラダ油大さじ½、椎茸（4等分に切る）2枚分

1. ゴーヤは乱切りにし、椎茸とともにサラダ油で炒め、Bを絡める。

スパイスがよく絡む輪切り炒め

追加▶サラダ油大さじ½、玉ねぎ（輪切り）½個分

1. ゴーヤは輪切りにし、玉ねぎとともにサラダ油で炒め、Cを絡める。

ピリ辛炒めは細長く切りもやしと

追加▶サラダ油大さじ½、もやし50g

1. ゴーヤは5mm角の3〜4cm長さに切り、もやしとともにサラダ油で炒め、Dを絡める。

半月切りでツナマヨ味のサラダ

追加▶ツナ缶60g、マヨネーズ大さじ2、白だし小さじ½

1. ゴーヤは薄い半月切りにして茹で、E、全材料を入れて和える。

調味料A【かつお節適量、塩・胡椒各少々】／調味料B【白だし・醤油・酒・みりん各小さじ½、塩・胡椒各少々】
調味料C【スパイス（カレー粉、クミンパウダー、お好みでチリパウダー少々）】／調味料D【豆板醤小さじ½、塩・胡椒各少々】／調味料E【塩・胡椒各少々】

芽キャベツ

それぞれの料理に6個分程度

持ち味を生かす直球のおかか炒め

追加 ▶ サラダ油大さじ½

1. 芽キャベツは半分に切り、サラダ油で炒め、Aを絡める。

茹でて和えれば白だしの味が浸透

追加 ▶ にんじん（茹でたもの、千切り）30g、サラダ油大さじ½

1. 芽キャベツは茹でて4等分に切り、B、全材料を入れて和える。

クミンが香るエキゾチックな風味

追加 ▶ サラダ油大さじ½、醤油小さじ1

1. 芽キャベツは半分に切り、サラダ油で炒め、C、醤油を絡める。

しらすとよく合う中華の小菜

追加 ▶ サラダ油大さじ½、生姜（すりおろし）小さじ1、しらす大さじ3

1. 芽キャベツは4等分に切り、しらすとともにサラダ油で炒め、生姜、Dを絡める。

やさしい酸味のシンプル炒め

追加 ▶ サラダ油大さじ½、レモン汁大さじ1、パセリ（みじん切り）適量

1. 芽キャベツは半分に切り、サラダ油で炒め、E、レモン汁、パセリを絡める。

紫カリフラワー

茹でたもの、それぞれの料理に小房6個程度

ハムに合うボリューミーなおかか味

追加 ▶ サラダ油大さじ½、ハム（短冊切り）2枚分

1. 紫カリフラワーは半分に切り、ハムとともにサラダ油で炒め、Aを絡める。

A

淡紫と赤が引き立つ和風の和え物

追加 ▶ ラディッシュ（薄切り）4個分

1. 紫カリフラワーは刻んで、B、ラディッシュと和える。

B

にんじんと合わせてスパイシーに

追加 ▶ サラダ油大さじ½、にんじん（千切り）40g

1. 紫カリフラワーは半分に切り、にんじんとともにサラダ油で炒め、Cを絡める。

C

辛味炒めは生姜が効いて後味爽快

追加 ▶ サラダ油大さじ½、生姜（千切り）1片分、酢小さじ1、醤油小さじ1

1. 紫カリフラワーは半分に切り、サラダ油で生姜とともに炒め、D、酢、醤油を絡める。

D

酸味を効かせてピクルス仕立てに

追加 ▶ トマト（ザク切り）½個分、パセリ（みじん切り）適量、レモン汁大さじ½、白ワインビネガー大さじ1

1. 紫カリフラワーは半分に切り、E、全材料を入れて和える。

E

ズッキーニ

それぞれの料理に⅓本分程度

かぼちゃ

それぞれの料理に80g程度

A

輪切りのおかか炒めはごまが必須

追加▶サラダ油大さじ½、醤油小さじ1、白ごま小さじ1

1. ズッキーニは薄い輪切りにし、サラダ油で炒め、A、醤油、白ごまを絡める。

大きめの薄切りでピリ辛おかか味

追加▶サラダ油大さじ½、鷹の爪(種を取って輪切り)適量、醤油小さじ1

1. かぼちゃはくし型の薄切りにし、サラダ油で炒め、A、醤油、鷹の爪を絡める。

B

たっぷりのしらすと醤油炒めに

追加▶サラダ油大さじ½、しらす大さじ3、黒ごま小さじ1、ごま油少々

1. ズッキーニは薄い輪切りにし、サラダ油で炒め、B、しらす、黒ごま、ごま油を絡める。

甘味がクリアになる淡口のだし煮

追加▶和風だし汁200㎖

1. かぼちゃは一口大に切り、だし汁、Bとともに鍋に入れて柔らかくなるまで煮る。

C

スパイスがよく馴染む拍子木切り

追加▶サラダ油大さじ½、アスパラ(3〜4㎝長さに切る)2本分、醤油小さじ1

1. ズッキーニは拍子木切りにし、サラダ油でアスパラとともに炒め、C、醤油を絡める。

こんがり焼くとスパイスと好相性

追加▶サラダ油大さじ½、スナップエンドウ(茹でたもの、乱切り)4個分、パセリ(みじん切り)適量

1. かぼちゃは小さめの乱切りにし、サラダ油で炒め、C、スナップエンドウ、パセリを絡めて火を通す。

D

ジューシー感が辛味をマイルドに

追加▶サラダ油大さじ½、生姜(すりおろし)小さじ1、酢大さじ½、醤油小さじ1、ごま油少々

1. ズッキーニは乱切りにし、サラダ油で炒め、D、生姜、酢、醤油、ごま油を絡める。

れんこんと炒めた四川風のお惣菜

追加▶サラダ油大さじ½、れんこん(いちょう切り)3㎝分

1. かぼちゃは一口大の薄切りにし、れんこんとともにサラダ油で炒め、Dを絡める。

E

フレッシュなマリネ仕立てサラダ

追加▶マッシュルーム(薄切り)2個分、パセリ(みじん切り)少々、レモン汁・白ワインビネガー各大さじ½

1. ズッキーニは半月切りにし、E、全材料を入れて和える。

マッシュした和風かぼちゃサラダ

追加▶白だし小さじ1、マヨネーズ大さじ2、紫玉ねぎ(薄切り)¼個分

1. かぼちゃは茹でてつぶし、E、全材料を入れて混ぜる。

調味料A【かつお節適量、塩・胡椒各少々】/調味料B【白だし・醤油・酒・みりん各小さじ½、塩・胡椒各少々】
調味料C【スパイス(カレー粉、クミンパウダー、お好みでチリパウダー少々)】/調味料D【豆板醤小さじ½、塩・胡椒各少々】/調味料E【塩・胡椒各少々】

Chapter 3

「ソース」と「ハーブ&スパイスソルト」の魔法

メインと副菜、その味わいを魅力的に広げる！

お弁当のバリエーションを手軽に増やす方法は、
ソースやハーブ＆スパイスソルトによるアレンジ。
普段よくつくるおかずにかけるだけで、
ひと味もふた味も違うお弁当ワールドが広がります。

今日の気分で使い分け！

「ソース」レシピ

色とりどりのソースは、味わいも香りもさまざま。おかずと組み合わせて楽しんでください。

ソースは僕の得意分野でたくさんのレシピがあるのですが、その中から身近な材料で簡単につくれる10種類をご紹介します。

たとえば、いつものハンバーグもブロッコリーソースをかければまろやかな味わいになるし、サルサソースをかければさっぱりと食べられます。あるいは、トマトソースをつくって肉や魚にかけたり、野菜を和えたり、パスタに絡めたり。アレンジの仕方はいろいろあります。ソースによって彩りも変化するから、「最近、腕を上げたね」とほめられること請け合いですよ。

キャロットソース
ナチュラルな甘味は野菜と好相性

材料
A【玉ねぎ¼個、にんじん½本、リンゴ¼個、塩・胡椒各少々、砂糖ひとつまみ、和風だし汁大さじ2】
オリーブオイル・バター各大さじ½

つくり方
1. Aをフードプロセッサーに入れてペースト状にする。
2. フライパンにオリーブオイル、バターを軽く熱し①をとろりとするまで炒める。

ジェノベーゼソース
バジルが香るイタリアンの定番

材料
オリーブオイル大さじ4、塩・胡椒各少々、にんにく½片、アンチョビ1枚、松の実10g、パルミジャーノチーズ（すりおろし）10g、バジル15g、パセリ5g

つくり方
1. 材料をすべてフードプロセッサーに入れてペースト状にする。

バンバンジーソース
豆板醤が効いた中華風ごまソース

材料
にんにく・生姜（すりおろし）各½片分、長ねぎ（みじん切り）約3cm分、豆板醤小さじ1、練りごま大さじ3、砂糖小さじ½、醤油小さじ1、酢大さじ½、ガラスープ大さじ1

つくり方
1. 材料をすべてボウルに入れて混ぜる。

ブロッコリーソース
ほっこりまろやか。パンに塗っても

材料
オリーブオイル大さじ3、ブロッコリー（茹でたもの）80g、にんにく½片、アンチョビ1枚、塩・胡椒各少々、コンソメ顆粒小さじ½、レモン汁小さじ1

つくり方
1. 材料をすべてフードプロセッサーに入れてペースト状にする。

サルサソース
ピリッと爽やかメキシカンテイスト

材料
にんにく½片、玉ねぎ¼個、コリアンダー1〜2本、ピーマン¼個、トマト（湯むき）1個、レモン汁大さじ1、タバスコ少々

つくり方
1. 材料をすべてフードプロセッサーに入れてペースト状にする。

いつものおかずをカンタンアレンジ。変幻自在なひとさじのソースマジック

トマトソース
ハーブを効かせたキレのある大人味

材料
オリーブオイル大さじ3、塩・胡椒・タイム（乾燥）各少々、ドライトマト（戻し）30g、コンソメ顆粒小さじ½、白ワイン大さじ½
つくり方
1. 材料をすべてフードプロセッサーに入れてペースト状にする。

コーンソース
子どもも大喜びのクリーミーな甘さ

材料
オリーブオイル大さじ½、バター大さじ1
A【コーンクリーム缶80g、塩・胡椒各少々、コンソメ顆粒小さじ1】
つくり方
1. フライパンにオリーブオイル、バターを軽く熱しAをとろりとするまで炒める。

コリアンダーチリソース
甘酸っぱく刺激的なエスニック風

材料
コリアンダー（みじん切り）適量、スイートチリソース・ホットチリソース各大さじ2、ライム（搾り汁）大さじ1
つくり方
1. 材料をすべてボウルに入れて混ぜる。

辛マヨネーズソース
ピリ辛でまろやかな万能タイプ

材料
マヨネーズ大さじ6、七味唐辛子少々、豆板醤小さじ⅓、薄口醤油小さじ½、ごま油大さじ½
つくり方
1. 材料をすべてボウルに入れて混ぜる。

スピナッチソース
コクのある味とほろ苦さが後を引く

材料
A【ほうれん草（茹でたもの）80g、塩・胡椒各少々、にんにく½片、醤油小さじ1、和風だし汁大さじ2】
オリーブオイル大さじ½、バター大さじ1
つくり方
1. Aをフードプロセッサーに入れてペースト状にする。
2. フライパンにオリーブオイル、バターを軽く熱し、①をとろりとするまで炒める。

スピナッチソース▽
▲辛マヨネーズソース

おかずにパンチを!

「ハーブ&スパイスソルト」レシピ

旅をする気分でチョイスできるオリジナルソルト。
ひと振りで味わいがグローバルに広がります。

エスニック風
心地いい清涼感と刺激をプラス

材料・つくり方

塩・粉唐辛子・レモングラス（乾燥）・コリアンダー（乾燥）・胡椒を、1対1を基本にお好みで。

メキシカン
クミンが生み出すラテンの香り

材料・つくり方

塩・クミンパウダー・粉唐辛子・ガーリックパウダー・胡椒を、1対1を基本にお好みで。

中華風
ピリリ痺れて爽快な花椒が決め手

材料・つくり方

塩・ジンジャーパウダー・ガーリックパウダー・花椒・粉唐辛子・胡椒を、1対1を基本にお好みで。

ケイジャン風
力強くワイルドな風味は肉に最適

材料・つくり方

塩・ガーリックパウダー・オニオンパウダー・粉唐辛子・パプリカパウダー、オレガノ（乾燥）・胡椒を、1対1を基本にお好みで。

オールマイティ

肉にも魚にも野菜にも幅広く活躍

材料・つくり方

塩・タイム（乾燥）・ローズマリー（乾燥）・オレガノ（乾燥）・胡椒を、１対１を基本にお好みで。

イタリアン

香りをまとわせ彩りもキュートに

材料・つくり方

塩・オレガノ（乾燥）・バジル（乾燥）・ピンクペッパー・胡椒を、1対1を基本にお好みで。

インド風

奥行きのあるカレーフレーバー

材料・つくり方

塩・ターメリック・ガラムマサラ・ジンジャーパウダー・ガーリックパウダー・パセリ（乾燥）・胡椒を、1対1を基本にお好みで。

ピリ辛アジアン

パンチのあるエキゾチックな香り

材料・つくり方

塩・オレガノ（乾燥）・ガラムマサラ・粉唐辛子・ターメリック・胡椒を、1対1を基本にお好みで。

Chapter 4

みんなでワイワイ、二人でウキウキ、一人でうっとり……

アイデア満載！「おにぎり、パスタ、サンドイッチ」

おにぎり、パスタ、サンドイッチのお弁当を時々組み込めば、ランチタイムの楽しみは倍増。細かいディテールにこだわった速水流のカジュアルスタイルをお手本にレッツチャレンジ！

#「おにぎり」。彩り映えるイベント弁当

片手でパクリと頬張れるおにぎりは、家族や友だちが集まるイベントに最適。さまざまな具材を混ぜて華やかに仕立ててみました。

「コロコロ一口おにぎり／9種」

小さくにぎって、かわいらしさを！

01 栗と豆のおにぎり
ほくほくの具材を混ぜたおこわ風

材料・つくり方（3個分）
ご飯300g、栗の甘露煮（洗って半分に切ったもの）3個分、赤エンドウ（茹でたもの）⅓カップ、枝豆（茹でたもの）12粒を混ぜて、塩をつけてにぎる。

02 ひじきご飯のおにぎり
余った煮物を活用して素朴な味に

材料・つくり方（3個分）
ご飯300g、ひじきの煮物（細かく刻む。ひじきの煮物のつくり方はP55参照）大さじ3を混ぜて、塩をつけてにぎる。

03 混ぜご飯の卵包みおにぎり
ひじきご飯を入れた茶巾仕立て

材料・つくり方（3個分）
卵2個を溶いて、サラダ油を軽く熱したフライパンに流し込み、円形の薄焼き卵を3枚つくる。ご飯300gに、ひじきの煮物大さじ3（つくり方はP55参照）、枝豆（茹でたもの）12粒、白ごま大さじ1を混ぜ、塩をつけてにぎったら、それぞれ薄焼き卵で包んで三つ葉（適量）で結ぶ。

04 梅玄米おにぎり
香ばしい玄米ご飯は梅干しが合う

材料・つくり方（3個分）
玄米ご飯1合、梅干し（種を取って粗く刻む）1個分、白ごま小さじ1を混ぜて、塩をつけてにぎる。

05 高菜ご飯のおにぎり
塩気のある高菜は最高のご飯の友

材料・つくり方（3個分）
ご飯300g、高菜（細かく刻んだもの）大さじ3を混ぜて、塩をつけてにぎる。

06 ひじきと枝豆ご飯のおにぎり
ひじき煮と枝豆で食感に変化を

材料・つくり方（3個分）
ご飯300g、ひじきの煮物大さじ3（つくり方はP55参照）、枝豆（茹でたもの）12粒、白ごま大さじ1を混ぜて、塩をつけてにぎる。

07 塩昆布ご飯のとろろ昆布包み
磯の香りが立つ昆布の二重奏

材料・つくり方（3個分）
ご飯300gに塩昆布大さじ2を混ぜて、塩をつけてにぎり、とろろ昆布適量で包む。

08 赤じそご飯の大葉包みおにぎり
おなじみの味を大葉でアレンジ

材料・つくり方（3個分）
ご飯300gに、赤じそふりかけ適量と大葉（千切り）2〜3枚分を混ぜて、塩をつけてにぎり、大葉（分量外）で包む。

09 菜の花ご飯のおにぎり
菜の花と紫キャベツで艶やかに

材料・つくり方（3個分）
ご飯300g、菜の花（塩茹でして2cm長さに切る）3〜4本分、薄焼き卵（千切り）少々、紫キャベツ（千切り）少々を混ぜて、塩をつけてにぎり、大葉（分量外）を敷く。

「三角おにぎり／8種」

花咲くように彩り艶やかに詰めよう！

色とりどりの具材を混ぜ込めば錦絵さながらのおにぎり弁当が完成。

01 **ひじきと枝豆ご飯のおにぎり**
枝豆入りで一口ごとに食感が変化

材料・つくり方（2個分）
材料・つくり方は、コロコロ一口おにぎりの「06」を参照。

02 **菜の花ご飯のおにぎり**
色彩を味わうビジュアルむすび

材料・つくり方（2個分）
材料・つくり方は、コロコロ一口おにぎりの「09」を参照。

03 **高菜ご飯のおにぎり**
高菜入りのしみじみとした味わい

材料・つくり方（2個分）
材料・つくり方は、コロコロ一口おにぎりの「05」を参照。

04 **赤じそご飯のおにぎり**
シソの香りと酸味は最強アイテム

材料・つくり方（2個分）
ご飯300g、赤じそふりかけ適量を混ぜて、塩をつけてにぎる。

05 **鮭とごまのおにぎり**
鮭が引き立つ黒ごまのプチプチ感

材料・つくり方（2個分）
ご飯300g、塩鮭（焼いてほぐしたもの）大さじ2〜3、黒ごま小さじ1を混ぜてにぎる。

06 **栗と豆のおにぎり**
ゴロゴロ飛び出す具材が楽しい

材料・つくり方（2個分）
材料・つくり方は、コロコロ一口おにぎりの「01」を参照。

07 **大葉と白ごまのおにぎり**
香りも爽やかなシンプルおにぎり

材料・つくり方（2個分）
ご飯300g、大葉（千切り）3枚分、白ごま大さじ½を混ぜて、塩をつけてにぎる。

08 **ひじきご飯のおにぎり**
ひじき煮を混ぜたちらし寿司風

材料・つくり方（2個分）
材料・つくり方は、コロコロ一口おにぎりの「02」を参照。

09 **薄焼き卵の花**
おにぎりを彩る愛らしい卵の花

材料
薄焼き卵（13cm×15cm）2枚、桜でんぶ少々

つくり方
1. 薄焼き卵はまな板に横長に置き、手前から半分に折る。折り目はつけず、輪の状態にしておく。
2. 手前側に包丁で5mm間隔の切り込みを入れる。切り目の長さは卵の半分ぐらいまで。もう1枚も同様に切り目を入れる。
3. 向きを90度右に回転させて縦に置き、手前からくるくると巻いて、もう1枚を重ねて巻く。巻き終わりは短く切って揚げたパスタ（分量外）で止める。
4. 切り目を入れた側を開いて花形にして、中央に桜でんぶをのせる。

「ごはんロール」でスタイリッシュに！

おしゃれなラッピングの中に入れたのは、ブリトー風のロールご飯。公園に持ち出すのはもちろん、仕事をしながら頬張るのにもぴったりです。

和風ブリトー風ロール

牛肉を海苔と卵とご飯でくるり

材料（2人分）

牛切り落とし肉50g、サラダ油小さじ1

A【玉ねぎ（みじん切り）大さじ2、醤油大さじ½、酒・みりん・砂糖各小さじ1、白ごま少々】

ご飯250g、海苔（全形）2枚、薄焼き卵2枚

つくり方

1. フライパンにサラダ油を熱して牛肉を炒め、Aを入れて汁気がなくなるまで炒めて冷ます。
2. 巻きすの上にラップを広げ、海苔の大きさにご飯を広げる。その上に海苔と薄焼き卵を順にのせ、中央に①をのせる。具が中心になるように巻く。もう1本も同様に巻いて、食べやすく切る。

「和風ブリトー風ロール」は左上と右下、「かつロール」は右上と左下。

かつロール

とんかつをご飯で包む新発想

材料（2人分）

ご飯250g、薄焼き卵2枚、紫キャベツ（千切り）適量、トレビス（ちぎったもの）½枚分、とんかつ（1〜2cm幅に切ったもの。つくり方はP99参照）3〜4本

つくり方

1. 巻きすの上にラップを広げ、薄焼き卵の大きさに合わせてご飯を広げる。その上に薄焼き卵を広げて、紫キャベツとトレビスをのせた上にとんかつを置く。具が中心になるように巻く。同様にもう1本も巻き、食べやすく切る。

パスタ好きのサプライズ弁当

お弁当は、ある意味、なんでもありの世界。パスタが好きならお弁当箱に詰めて。僕のお薦めは、冷めてもおいしいナポリタンとジェノベーゼです。

大人のナポリタン

パンチェッタと胡椒で大人の味に

材料（1人分）

スパゲッティ（1.6㎜）60g、オリーブオイル大さじ½、紫キャベツ（千切り）適量

A【パンチェッタ（拍子木切り）30g、ソーセージ（斜め切り）2本分、玉ねぎ（縦に薄切り）½個分、ピーマン（繊維に逆らって細切り）1個分、にんにく（みじん切り）小さじ½、マッシュルーム（薄切り）2個分】

B【コンソメ顆粒・醤油各小さじ½、胡椒適量、ケチャップ大さじ2、酒小さじ1】

つくり方

1. スパゲッティは表示に従って塩茹でする。
2. フライパンにオリーブオイルを軽く熱しAを炒める。Bとスパゲッティを入れて炒め、仕上げに紫キャベツを混ぜる。

驚きと称賛の声があがるパスタを詰めたお弁当。ロングとショート、チョイスはお好みで。

しらすのジェノベーゼ

しらすとバジルの風味は相性抜群

材料（1人分）

マカロニ60g、しらす30g、ジェノベーゼソース（つくり方はP121参照。市販のものでもよい）大さじ2

つくり方

1. マカロニは表示に従って塩茹でする。
2. ボウルにしらすとジェノベーゼソースを入れ、マカロニが熱いうちに加えてよく混ぜる。

やっぱり、サンドイッチ！

サンドイッチはハムや卵がおなじみ。でも、もっと豪華に楽しみたいから肉のおかずをフィリングにしました。ビジュアルもいい感じでしょ？

ローストビーフやとんかつなどお弁当のおかずがサンドイッチに変身。

ケバブ風サンド

ローストビーフとたっぷり野菜

材料（1人分）

バゲット（太いもの、1㎝厚さにスライス）2枚、ローストビーフ（そぎ切り。つくり方はP79参照）50g、キャロットラペ（つくり方はP25参照）30g、トマト（7～8㎜の輪切り）2枚、紫キャベツ（千切り）適量、ベビーリーフ適量

つくり方

1. バゲット1枚にベビーリーフ、トマト、紫キャベツ、ローストビーフ、キャロットラペの順にのせて、もう1枚のバゲットではさむ。P120～123のソースを好みで塗ってもよい。

チキンサラダサンド

だし巻き卵が具材として活躍

材料（1人分）

ライ麦パン2枚、チキンサラダ（つくり方はP140参照）50g、だし巻き卵（2cm幅に切る、つくり方はP37参照）3切れ、キャロットラペ（つくり方はP25参照）30g、トマト（7〜8mmの輪切り）2枚、紫玉ねぎ（横に薄切り）適量、レタス（1cm幅に切る）適量

つくり方

1. ライ麦パン1枚に、紫玉ねぎ、レタス、トマト、だし巻き卵、キャロットラペ、チキンサラダの順にのせ、もう1枚のパンではさむ。

パンは好みのものを。どのパンに挟むかで味わいも変化するのがサンドイッチの面白さ。

きんぴらカツサンド

甘辛いきんぴら入りの和テイスト

材料（1人分）

食パン（6枚切り）2枚、とんかつ（つくり方はP99参照）1枚、きんぴら（つくり方はP31参照）30g、紫キャベツ（千切り）適量、大葉2枚、スライスチーズ1枚

つくり方

1. 食パン1枚に大葉、スライスチーズ、紫キャベツ、とんかつ、きんぴらの順にのせて、もう1枚のパンではさむ。

Chapter 5

赤、緑、黄色……、お弁当に健康的なパートナーを！

おいしい「サラダ」パラダイス

野菜をたっぷり摂るには、別容器にサラダを入れてお弁当に添えるのがお薦めです。
色合いや切り方を工夫したサラダは見た目も華やか。
サラダに合わせたいドレッシングもご紹介します。

「シンプル系サラダ」レシピ

緑黄色野菜を中心にしたフレッシュなヘルシーサラダ。
サンドイッチと組み合わせるのもグッドです。

クレソンサラダ

ほのかな苦味に白ごまがマッチ

材料（1人分）

クレソン1束、プチトマト3個、白ごま小さじ2、パルミジャーノチーズ30g

つくり方

1. クレソンは3〜4cm長さに切る。プチトマトはヘタを取り半分に切る。パルミジャーノチーズは薄切りにする。
2. ①と白ごまを混ぜて容器に入れる。

菜の花サラダ

茹でた菜の花が主役の春のサラダ

材料（1人分）

菜の花3〜4本、プチトマト3個、にんじん¼本、紫玉ねぎ¼個、チコリ2〜3枚

つくり方

1. 菜の花は茹でて3〜4cm長さに切る。プチトマトはヘタを取り半分に切る。にんじんは5cm長さの千切り、紫玉ねぎは横に薄切り、チコリは食べやすくちぎる。
2. 容器に菜の花を入れ、残りの野菜を混ぜてから中央に盛る。

グリーンサラダ

ボイル野菜が中心のシックな装い

材料（1人分）

アスパラ2本、いんげん4本、ズッキーニ⅓本、スナップエンドウ・ベビーリーフ適量、モッツァレラチーズ½個

つくり方

1. アスパラといんげんは茹でて3〜4cm長さに切る。スナップエンドウはヘタと筋を取って茹でる。ズッキーニは5mm厚さの半月切りにして茹でる。モッツァレラチーズは5mm厚さにスライスする。
2. ①とベビーリーフを混ぜて容器に入れる。

＼サラダを盛り上げる！／

日替りドレッシングをマスター 01

味わいさまざま、
いろいろな組み合わせに挑戦しよう！

醤油ドレッシング

サラダ油大さじ3、リンゴ酢大さじ1、醤油小さじ1、白ごま小さじ1、ホワイトペッパー少々、砂糖ひとつまみ

ハニードレッシング

オリーブオイル大さじ3、赤ワインビネガー大さじ1、はちみつ大さじ1、塩・胡椒各少々

クミンドレッシング

サラダ油大さじ3、白ワインビネガー大さじ1、塩・胡椒・クミンパウダー・クミンシード（煎ったもの）各少々

醤油とごま油のドレッシング

サラダ油・醤油各大さじ1、ごま油・リンゴ酢各大さじ½、生姜汁小さじ1、塩・胡椒各少々

白だしドレッシング

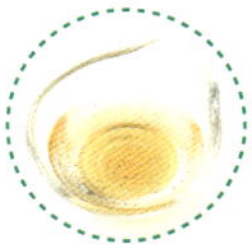

サラダ油大さじ3、リンゴ酢・白だし各大さじ1、ホワイトペッパー少々

ピリ辛マヨドレッシング

サラダ油・リンゴ酢各大さじ1、マヨネーズ大さじ3、七味唐辛子・塩・胡椒各少々

キャロットラペサラダ

フレンチの惣菜はサラダでも活躍

材料（1人分）

キャロットラペ（つくり方はP25参照）60g、ベビーリーフ適量、紫キャベツ1枚、プチトマト6個、れんこん3〜4cm

つくり方

1. 紫キャベツは千切り、プチトマトはヘタを取って半分に切る。れんこんを薄くいちょう切りにして素揚げし、レンコンチップスをつくる。
2. 容器に、紫キャベツ、レンコンチップス、ベビーリーフ、プチトマト、キャロットラペの順に入れる。

カラダとココロを癒やしてくれる緑やオレンジの鮮やかな色合い。

「カラフル系サラダ」レシピ

色とりどりの野菜を使ってポップに仕上げました。見て楽しめる目にもおいしいサラダです。

カラフルトマトサラダ

キラキラ輝くプチトマトの宝石箱

材料（1人分）

カラフルトマト10個、モッツァレラチーズ（一口サイズのもの）6個、バジル適量

つくり方

1. カラフルトマトはヘタを取り、半分、¼、薄切りなど好みに切る。モッツァレラチーズは半分に切る。
2. ①と適当な大きさにちぎったバジルを混ぜて容器に入れる

刻みブロッコリーとカリフラワーのサラダ

3色の組み合わせはインパクト大

材料（1人分）

ブロッコリー・カリフラワー・紫カリフラワー各3〜4房

つくり方

1. 材料はすべて茹でて、食べやすく切る。
2. ①を混ぜて容器に入れる。

カラフルパプリカのサラダ

パプリカが余ったらサラダに活用

材料（1人分）

パプリカ（赤・黄・オレンジ）各¼個、ホワイトマッシュルーム2個、パセリ（みじん切り）少々

つくり方

1. パプリカはヘタと種を取り、乱切りにする。マッシュルームは薄切りにする。
2. ①とパセリを混ぜて容器に入れる。

＼サラダを盛り上げる！／

日替りドレッシングをマスター 02

味わいさまざま、
いろいろな組み合わせに挑戦しよう！

スパイシーマヨネーズのドレッシング

オリーブオイル大さじ1、マヨネーズ大さじ3、白ワインビネガー大さじ2、カレー粉小さじ½、ターメリック・塩・胡椒各少々

生姜ドレッシング

サラダ油大さじ3、リンゴ酢大さじ1、生姜（すりおろし）小さじ½、塩・胡椒各少々

和風ネギ塩のドレッシング

サラダ油大さじ2、ごま油・和風だし汁・酢各大さじ1、白ごま小さじ1、長ねぎ（みじん切り）3〜4cm長さ分、塩・胡椒各少々

サルサドレッシング

オリーブオイル大さじ3、白ワインビネガー大さじ½、玉ねぎ（みじん切り）・トマト（種を取り細かく刻む）各大さじ2、塩・胡椒各少々

サルササラダ

南米の空気を感じる角切りサラダ

材料（1人分）
むき海老6尾、きゅうり⅓本、紫玉ねぎ¼個、セロリ¼本、トマト½個、イタリアンパセリ（みじん切り）少々

つくり方
1. むき海老は茹でる。きゅうり、紫玉ねぎ、セロリ、トマトは5mm角に切る。
2. ①にイタリアンパセリを混ぜて容器に入れる。

クスクスサラダ

**リズムを生む
つぶつぶの口当たり**

材料（1人分）
クスクス30g、きゅうり⅓本、トマト½個、紫玉ねぎ¼個、バジル（細切り）・レモン汁各適量

つくり方
1. クスクスは熱いコンソメスープ60㎖（分量外）に入れて戻す。きゅうり、トマト、紫玉ねぎは5mm角程度に切る。
2. ①にバジルとレモン汁を混ぜて容器に入れる。

落ち込んだときも
元気をくれる
チアアップサラダ。

かぼちゃとくるみのサラダ

香ばしいくるみはマストアイテム

材料（1人分）
かぼちゃ（一口大に切ったもの）6〜7個、スナップエンドウ4個、ミディトマト2個、紫玉ねぎ¼個、くるみ（ロースト）大さじ3

つくり方
1. かぼちゃは茹でて、スナップエンドウはヘタと筋を取って茹でる。ミディトマトはヘタを取り4等分に切る。紫玉ねぎは縦に薄切りにする。
2. ①とくるみを混ぜて容器に入れる。スナップエンドウは開いて盛るとかわいい。

「パワー系サラダ」レシピ

野菜に肉や卵などを合わせれば栄養面もバッチリ。
ボリュームがあるのでメインになります。

チキンサラダ

野菜を層に積んで見た目もひと工夫

材料（1人分）

鶏むね肉½枚、ミディトマト4個、レタス2〜3枚、パプリカ（黄）⅙個、紫玉ねぎ¼個、水菜4〜5本、粗びき黒胡椒少々

つくり方

1. 鶏むね肉は茹でて細かくほぐす。ミディトマトはヘタを取り輪切り、レタス・パプリカは1㎝角に切る。紫玉ねぎは横に薄切り、水菜は3〜4㎝長さに切る。
2. 容器に、パプリカ、レタス、紫玉ねぎ、トマト、水菜、鶏むね肉の順に入れて、上に黒胡椒を振る。

ベーコンとじゃがいもと卵のサラダ

ゴロゴロの具材で充実感がアップ

材料（1人分）

ベーコン（塊）50g、じゃがいも1個、卵2個、紫玉ねぎ¼個、きゅうり½本、にんじん¼本、イタリアンパセリ少々、オリーブオイル大さじ½

つくり方

1. ベーコンは5㎜角程度の細切りにしてオリーブオイルでこんがり炒めて冷ます。じゃがいもと卵は茹でて小さめの乱切りにする。紫玉ねぎは横に薄切り、きゅうりは薄く半月切り、にんじんは5㎝長さの千切りにする。
2. ①とイタリアンパセリを混ぜて容器に入れる。

ルッコラサラダ

パンチェッタとチーズの大人味

材料（1人分）

パンチェッタ30g、ルッコラ1パック、カラフルトマト10個、にんじん⅓本、パルミジャーノチーズ30g、オリーブオイル大さじ½

つくり方

1. パンチェッタは7〜8㎜の拍子木切りにし、オリーブオイルでカリッと炒める。ルッコラは根元を落とし、カラフルトマトはヘタを取って好みの大きさに切る。にんじんはピーラーでリボン状に細長くスライスする。パルミジャーノチーズは薄切りにする。
2. 容器ににんじんを入れて、その上に残りの材料を混ぜたものを盛る。

＼サラダを盛り上げる！／

日替りドレッシングをマスター 03

味わいさまざま、
いろいろな組み合わせに挑戦しよう！

ハニーマスタードドレッシング

オリーブオイル大さじ3、白ワインビネガー・はちみつ各大さじ1、フレンチマスタード大さじ½、塩・胡椒・イタリアンパセリ（みじん切り）各少々

トマトドレッシング

トマト（種を取って粗く刻む）・オリーブオイル各大さじ3、赤ワインビネガー大さじ½、塩・胡椒・パセリ（乾燥）各少々

和風だしのドレッシング

サラダ油大さじ2、リンゴ酢・醤油各大さじ½、和風だし汁大さじ1、かつお節ひとつまみ

中華ドレッシング

サラダ油大さじ2、ごま油・酢各大さじ1、醤油・白ごま各小さじ1、生姜（すりおろし）小さじ½、砂糖ひとつまみ、塩・胡椒各少々

チーズペッパードレッシング

オリーブオイル大さじ3、レモン（搾り汁）・パルミジャーノチーズ（すりおろし）各大さじ1、塩・胡椒・イタリアンパセリ（みじん切り）各少々

ケチャップマヨドレッシング

オリーブオイル大さじ1、マヨネーズ大さじ2、ケチャップ・白ワインビネガー各大さじ½、塩・胡椒・パセリ（みじん切り）各少々

ごまドレッシング

サラダ油大さじ2、ゴマペースト・マヨネーズ各大さじ1、酢大さじ½、塩・胡椒各少々

シーザーチキンサラダ

サクサクのクルトンで食感も軽快

材料（1人分）
鶏むね肉½枚、ロメインレタス1〜2枚、トマト1個、紫玉ねぎ¼個、粗びき黒胡椒少々、クルトン（市販のもので可）大さじ3

つくり方
1. 鶏むね肉は茹でて細く裂く。ロメインレタスは一口大に切る。トマトは乱切り、紫玉ねぎは横に薄切りにする。
2. ①とクルトンを混ぜて容器に入れて、お好みで黒胡椒を振る。クルトンは別の容器で持っていき、食べる直前に混ぜるとサクサク感が楽しめる。

サラダとパンでも
お腹が満たせる
手軽な野菜のご馳走。

カブのサラダ

ベーコンの脂が染みたカブが美味

材料（1人分）
ベーコン（薄切り）1枚、カブ1個、ラディッシュ2個、サラダ用ほうれん草適量、オリーブオイル大さじ½

つくり方
1. ベーコンは1.5cm幅に切り、オリーブオイルで炒めて冷ます。カブは薄いくし形切り、ラディッシュは薄く輪切りにする。サラダ用ほうれん草は2cm長さに切る。
2. ①を混ぜて容器に入れる。

海老とブロッコリーと卵のデリ風サラダ

プリプリエビ入りでボリューミー

材料（1人分）
むき海老4尾、ブロッコリー（小房）6個、卵2個、紫スプラウト¼パック、にんじん¼本

つくり方
1. 海老、ブロッコリー、卵はそれぞれ茹でて冷ます。茹で卵は殻をむき半分に切る。紫スプラウトは根を切る。にんじんは5cm長さの千切りにする。
2. ①を混ぜて容器に入れる。

「バランス系サラダ」レシピ

豆や桜えびなど食感を意識した栄養バランスのいいサラダ。野菜の切り方にも注目してください。

豆のサラダ

角切り野菜でチョップドサラダ風に

材料（1人分）

ミックスビーンズ（茹でたもの）80g、紫玉ねぎ¼個、きゅうり⅓本、にんじん¼本、れんこん3〜4㎝、ベビーリーフ適量

つくり方

1. 紫玉ねぎ・きゅうりは1㎝角に切る。にんじんは5㎝長さの千切りにする。れんこんを薄くいちょう切りにして素揚げしてレンコンチップスをつくる。
2. ①とミックスビーンズ、ベビーリーフを混ぜて容器に入れる。

卵のリボンサラダ

ピーラーで削りひらひら軽やかに

材料（1人分）

にんじん¼本、ズッキーニ½本、薄焼き卵2枚、ラディッシュ2個、オリーブオイル大さじ½、クレソン3〜4本、スティックブロッコリー4本

つくり方

1. にんじんはピーラーでリボン状に薄く切る。ズッキーニは5㎜厚さの輪切りにして、オリーブオイルで焼く。薄焼き卵は1㎝幅に細長く切る。ラディッシュは4等分に切る。クレソンと茹でたスティックブロッコリーは3〜4㎝長さに切る。
2. 容器の側面にズッキーニを並べて、残りの材料を混ぜたものを盛る。

野菜の切り方によって
味わいも表情も
一変するのが面白い。

カプレーゼ

トマトとモッツァレラの共演

材料（1人分）

トマト½個、モッツァレラチーズ½個、バジル適量

つくり方

1. トマトは一口大に切る。モッツァレラチーズは一口大にちぎる。
2. ①とバジルを混ぜて容器に入れる。

\ サラダを盛り上げる！ /

日替りドレッシングをマスター 04

味わいさまざま、
いろいろな組み合わせに挑戦しよう！

梅ドレッシング

サラダ油大さじ3、リンゴ酢大さじ½、梅干し（種を取ってみじん切り）1個分、ホワイトペッパー少々

カレードレッシング

サラダ油大さじ3、白ワインビネガー大さじ1、カレー粉小さじ1、ターメリック・塩・胡椒各少々

パセリのドレッシング

サラダ油大さじ3、酢大さじ1、ガーリックパウダー・パセリ（みじん切り）・塩・胡椒各少々

キャロットドレッシング

オリーブオイル大さじ3、白ワインビネガー大さじ1、にんじん（すりおろし）大さじ2、生姜（すりおろし）小さじ½、塩・胡椒各少々

味噌ドレッシング

味噌・サラダ油各大さじ2、ごま油・酢各大さじ1、ホワイトペッパー少々

エスニック風ドレッシング

サラダ油大さじ3、にんにく・生姜（すりおろし）各小さじ½、ナンプラー大さじ½、砂糖ひとつまみ、ライム（搾り汁）大さじ1、赤唐辛子（みじん切り）大さじ½、パクチー（みじん切り）・塩・胡椒各少々

わさびマヨドレッシング

サラダ油・りんご酢各大さじ1、わさび小さじ½、薄口醤油小さじ1、マヨネーズ大さじ2

空豆と大根と桜えびのサラダ

カイワレの辛味が
味の引き締め役

材料（1人分）
空豆15粒、カイワレ½パック、大根4～5cm、桜えび大さじ2、白ごま少々

つくり方
1. 空豆は茹でて皮をむく。カイワレは根を切り、大根は千切りにする。
2. ①と桜えび、白ごまを混ぜて容器に盛る。

キャベツと桜えびのサラダ

食感と香りを味わう千切りサラダ

材料（1人分）
キャベツ1～2枚、ホワイトマッシュルーム2個、桜えび・パルミジャーノチーズ（すりおろし）各大さじ2、胡椒少々

つくり方
1. キャベツは千切り、ホワイトマッシュルームは薄切りにする。
2. ①と桜えび、パルミジャーノチーズ、胡椒を混ぜて容器に盛る。

マカロニサラダ

マカロニと豆で
ボリュームアップ

材料（1人分）
マカロニ60g、紫玉ねぎ¼個、きゅうり⅓本、にんじん¼本、ミックスビーンズ（茹でたもの）30g、粗びき黒胡椒少々

つくり方
1. マカロニは表示通りに塩茹でして冷ます。紫玉ねぎは横に薄切り、きゅうりは1cm角に切る。にんじんは5cm長さの千切りにする。
2. ①とミックスビーンズを混ぜて容器に入れ、黒胡椒を振る。

「フルーツ系サラダ」レシピ

フルーツのサラダは僕自身、好きでよくつくります。
ドレッシングを絡めると甘味が引き立ちますよ。

紫キャベツとオレンジのサラダ

色合わせと甘酸っぱさがポイント

材料（1人分）

紫キャベツ1〜2枚、にんじん¼本、ラディッシュ3個、オレンジ½個、イタリアンパセリ（みじん切り）少々

つくり方

1. 紫キャベツ・にんじんは千切りに、ラディッシュは乱切りに、オレンジは皮と薄皮をむいて小房にわける。
2. ①とイタリアンパセリを混ぜて容器に盛る。

フルーツサラダ

フルーツメインの爽やかな味わい

材料（1人分）

キウイ½個、イチゴ3個、リンゴ¼個、パイナップル⅛個、ピンクグレープフルーツ¼個、トマト½個、ブドウ6粒、ミント適量

つくり方

1. キウイは皮をむいて輪切り、ヘタを取ったイチゴやリンゴは薄く切り、パイナップルは皮をむいて大きめの角切りにする。ピンクグレープフルーツは皮と薄皮をむいて小房にわける。トマトは一口大に切る。
2. ①とブドウ、ミントを混ぜて容器に盛る。

イチゴとスナップエンドウのサラダ

イチゴをたっぷり使って旬を満喫

材料（1人分）

イチゴ5個、スナップエンドウ4個、紫玉ねぎ¼個、ミント適量

つくり方

1. イチゴはヘタを取って5㎜厚さの薄切りに、スナップエンドウは茹でて開く。紫玉ねぎは横に薄切りにする。
2. ①を混ぜて容器に入れる。ミントはお好みで。

＼サラダを盛り上げる！／

日替りドレッシングをマスター 05

味わいさまざま、
いろいろな組み合わせに挑戦しよう！

レモンドレッシング

オリーブオイル大さじ3、レモン（搾り汁）大さじ2、塩・胡椒各少々

バジルドレッシング

オリーブオイル大さじ3、白ワインビネガー大さじ1、塩・胡椒・バジル（乾燥）各少々

バルサミコドレッシング

オリーブオイル大さじ3、バルサミコ大さじ1、塩・胡椒各少々

柚子ドレッシング

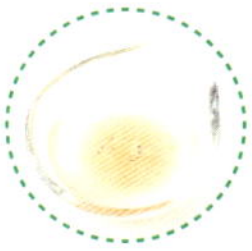

サラダ油大さじ3、柚子（搾り汁）・リンゴ酢各大さじ½、生姜（すりおろし）小さじ½、塩・胡椒各少々

オレンジドレッシング

オリーブオイル大さじ3、白ワインビネガー大さじ½、オレンジ（搾り汁）大さじ1、塩・胡椒各少々

しそドレッシング

サラダ油大さじ3、リンゴ酢大さじ1、塩・胡椒各少々、大葉（千切り）2～3枚分、白ごま小さじ1、醤油小さじ½

キウイとモッツァレラとミントのサラダ

初夏の風のような
緑と白のサラダ

材料（1人分）

キウイ1個、モッツァレラチーズ½個、ミント適量、胡椒少々

つくり方

1. キウイは皮をむいて輪切り、モッツァレラチーズは小さくちぎる。
2. ①とミントを混ぜて容器に入れる。

フルーツたちの
瑞々しい甘味と酸味で
ビタミンチャージ。

グレープフルーツとディルのサラダ

ディルが香るフレンチスタイル

材料（1人分）

グレープフルーツ・ピンクグレープフルーツ各½個、ディル適量、胡椒少々、アーモンドスライス（ロースト）大さじ2

つくり方

1. グレープフルーツ2種は皮と薄皮をむいて小房に分ける。
2. ①とディル、胡椒、アーモンドスライスを混ぜて容器に入れる。

Chapter 6

速水流、お弁当づくりの結論！

「and MORE」〜おかず&弁当箱フリースタイル

お弁当づくり番外編は遊び心いっぱいのフリースタイル。デザイン性に富むお弁当はまさにおいしいアートです。もっと楽しく、もっと自由に、もっと個性的に。お弁当の可能性がぐんぐん広がっていきます。

PMDS

「ハレの日」

ひじきご飯のおにぎり（つくり方はP128参照）
栗と豆のおにぎり（つくり方はP128参照）
菜の花ご飯のおにぎり（つくり方はP129参照）
赤じそご飯のおにぎり（つくり方はP128参照）
薄焼き卵の花（つくり方はP129参照）

曲げわっぱの中央に咲き誇るのは大輪の卵の花。
4つのおにぎりは四季折々に移ろう里山の景色をイメージしています。

創作弁当
part 2

「パープル」

じゃがいものぶぶあられコロッケ（つくり方はP80参照）
紫キャベツの粒マスタード和え（つくり方はP112Ⓔ参照）
紫カリフラワーの白だし和え（つくり方はP116Ⓑ参照）
カラフルうずら卵（つくり方はP105参照）
紫キャベツのスパイス炒め（つくり方はP112Ⓒ参照）
紫カリフラワーのピクルス（つくり方はP116Ⓔ参照）
紫いものコロッケ（つくり方はP106参照）

どこか妖艶な雰囲気が漂うパープルの世界。
テーマカラーを決めると、こんなアーティスティックな世界が誕生。

「可憐」

紫キャベツとオレンジのサラダ（つくり方はP144参照）
パプリカのグリルオイル漬け（つくり方はP89参照）
栗と豆のおにぎり（つくり方はP128参照）
桜の花のおにぎり（※）
かぼちゃのおかか炒め（つくり方はP117Ⓐ参照）
カラフルピーマンのツナ和え（つくり方はP22参照）
※大葉はお好みで

※桜の花のおにぎりのつくり方
桜の花の塩漬け大さじ3は塩抜きして、白ごま大さじ½とともにご飯300ｇに混ぜてにぎる。

細長いお弁当箱に、おにぎりと野菜のおかずを少しずつ。
おにぎりの周りに空間をつくり、その余白を楽しむのが日本人の美意識。

創作弁当
part 4

「グリーン・イエロー」

混ぜご飯の卵包みおにぎり（つくり方はP128参照）
ひじきと枝豆ご飯のおにぎり（つくり方はP128参照）
ブロッコリーと桜えびの和風和え（つくり方はP115Ⓔ参照）
かぼちゃのだし煮（つくり方はP117Ⓑ参照）
にんじんのパセリマヨネーズ和え（つくり方はP112Ⓔ参照）
※大葉、紫キャベツスプラウトはお好みで

曲げわっぱの素朴な雰囲気から生まれたお弁当。
やわらかな色味のおにぎりやおかずが、春の陽だまりを彷彿とさせます。

「カラフル・デリ」

しらすのジェノベーゼ（つくり方はP131参照）
カプレーゼ（つくり方はP142参照）
にんじんの豆板醤炒め（つくり方はP112Ⓓ参照）
クスクスサラダ（つくり方はP139参照）
刻みブロッコリーと
カリフラワーのサラダ（つくり方はP138参照）

盛り込んだほとんどが、サラダのページで紹介したもの。
パスタと野菜のヘルシーなお弁当は、おしゃれなデリのイメージです。

創作弁当
part 6

「ナチュラル」

海老と茄子のココナッツ炒め（つくり方はP63参照）
ごぼうの梅マヨ和え（つくり方はP113Ⓔ参照）
ズッキーニフライ（つくり方はP 106参照）
かぼちゃのピリ辛炒め（つくり方はP117Ⓓ参照）
紫玉ねぎのグリル（つくり方はP38参照）
カリフラワーのスパイス炒め（つくり方はP115Ⓒ参照）
ゴーヤのおかか炒め（つくり方はP115Ⓐ参照）
※中央はエディブルフラワー

素材の味わいを生かしたおかずがズラリ。
体が喜ぶナチュラルなお弁当は、食べる人の心に元気を届けます。

「スモール・リッチ」

鶏のから揚げ（つくり方はP31参照）
ズッキーニのしらす炒め（つくり方はP117Ⓑ参照）
ゴーヤのツナマヨ和え（つくり方はP115Ⓔ参照）
紫カリフラワーのおかか炒め（つくり方はP116Ⓐ参照）
※散らしてあるのはエディブルフラワー

幼稚園の子が使うぐらいの小さなお弁当箱でも
好きなおかずを少しずつ詰めたら、リッチなお弁当になりました。

創作弁当

part 8

「バラエティ」

大人のナポリタン（つくり方はP131参照）
かぼちゃのマッシュ（つくり方はP21参照）
桜えびと春菊のかき揚げ（つくり方はP21参照）
グレープフルーツと
ディルのサラダ（つくり方はP145参照）
カリフラワーのパセリ和え（つくり方はP115Ⓑ参照）
※散らしてあるのはエディブルフラワー

おいしいものを少しずついろいろ食べたい。
そんな女性の望みを叶えたら、まん丸わっぱにおいしい宇宙が完成。

「スパイス&ジャパン」

鮭とごまのおにぎり（つくり方はP129参照）
にんじんのスパイス炒め（つくり方はP112Ⓒ参照）
鶏のから揚げ（つくり方はP31参照）
カラフルパプリカの
スパイス炒め（つくり方はP111Ⓒ参照）

限られたスペースをどう使ってどう魅せるか。
答えの一つがこれ。おにぎりとおかずのスパイスはさしずめ和印融合!?

Column

あなたの想いをお弁当に！

この本のために、3日間、朝から深夜までキッチンに立ち続けました。お弁当箱は現場で選び、完成形をイメージしつつ頭の中で足し算引き算をして。これだけの数を完成させるには手早さが大事。時計を見ながら手を動かす感覚から、朝のお弁当づくりの大変さをリアルに感じました。

ただ、大変でもつくるのはやっぱり楽しい。食べる人の喜ぶ顔が浮かぶからだと思うんです。楽しんでつくると、自分なりのレシピや組み合わせなど新しい発見がたくさん出てきます。すると、つくる楽しみがもっと増していく。お弁当にはルールがないから、バリエーションは無限。この本をきっかけに、あなたの想いをストーリーにして、お弁当箱に吹き込んでください。

スペシャル・コンテンツ

撮影STORY

ドラマの撮影でもそうですが、
モノをつくるためにはチームワークが大切です。
この本を制作するために
料理撮影をした3日間は、まさしく死闘。
スムーズに料理できたのは、
「MOCO'Sキッチン」でもお世話になっている
フードコーディネーター・時吉真由美先生と
アシスタントのみなさんのおかげ。
そして、素早く美しく撮影してくれた
フォトグラファーの赤石 仁さん、
ヘア&メイクなのに調理補助までしてくれた
青山佑綺子さんにも感謝しています。
当日は、デザイナーさん、ライターさん、
編集者さんもフル稼働。

全員一丸となって、
計45時間の撮影を乗り切りました。
この本ができたのは、
そんなスタッフのみなさんがいてくれたからこそ。
撮影終了時には、みなさんと乾杯をしましたが、
あらためて、心から「ありがとう」と
言いたい気持ちです。
そして、もう一人、お礼を言わなければいけないのは、
この本を手にとってくれたあなた。
あなたのお弁当づくりが、
もっともっと楽しくなることを願いつつ……
感謝！

速水もこみち

お弁当バイブル
by 速水もこみち

Profile
速水もこみち（はやみ・もこみち）
1984年8月10日生まれ。東京都出身。テレビドラマや映画など、俳優として活躍するほか、特技の料理を生かし2011年より日本テレビ系「ZIP!」内のMOCO'Sキッチンに出演。また、キッチンブランド「MOCOMICHI HAYAMI」のプロデュースや、「資格のキャリカレ」にて通信講座「速水もこみちのクッキングマイスター講座」を販売するなどマルチに活動。

2018年10月17日　第1刷発行

著者　速水もこみち
発行者　長坂嘉昭
発行所　株式会社プレジデント社
〒102-8641
東京都千代田区平河町2-16-1 平河町森タワー13階
https://www.president.co.jp/
https://presidentstore.jp/
電話　編集03-3237-3733
　　　販売03-3237-3731
販売　桂木栄一、高橋 徹、川井田美景、森田 巌、末吉秀樹
制作　関 結香

構成　上島寿子
撮影　赤石 仁
フードコーディネート
時吉真由美
佐藤美雪　藤井玲子　時吉りえか　岡本令子　接待真紀
ヘア＆メイク　青山佑綺子
スタイリスト　吉野 誠
校正　株式会社ヴェリタ
装丁　鈴木美里
DTP　清水絵理子
編集　金久保 徹

アーティストマネージメントスタッフ
波多江利之　山崎貴子　石井勇希
協力　THE KITCHEN　株式会社LIMON
印刷・製本　大日本印刷株式会社　海野祐一郎　和田晃洋　加藤剛直

ISBN　978-4-8334-5136-9
Printed in Japan